Travel phrasebooks collection
«Everything Will Be Okay!»

PHRAS_____

- ESTONIAN -

THE MOST IMPORTANT PHRASES

This phrasebook contains
the most important
phrases and questions
for basic communication
Everything you need
to survive overseas

By Andrey Taranov

T&P BOOKS

Phrasebook + 1500-word dictionary

English-Estonian phrasebook & concise dictionary

By Andrey Taranov

The collection of "Everything Will Be Okay" travel phrasebooks published by T&P Books is designed for people traveling abroad for tourism and business. The phrasebooks contain what matters most - the essentials for basic communication. This is an indispensable set of phrases to "survive" while abroad.

Another section of the book also provides a small dictionary with more than 1,500 useful words arranged alphabetically. The dictionary includes a lot of gastronomic terms and will be helpful when ordering food at a restaurant or buying groceries at the store.

T&P Books Publishing
www.tpbooks.com

ISBN: 978-1-78716-260-0

This book is also available in E-book formats.
Please visit www.tpbooks.com or the major online bookstores.

FOREWORD

The collection of "Everything Will Be Okay" travel phrasebooks published by T&P Books is designed for people traveling abroad for tourism and business. The phrasebooks contain what matters most - the essentials for basic communication. This is an indispensable set of phrases to "survive" while abroad.

This phrasebook will help you in most cases where you need to ask something, get directions, find out how much something costs, etc. It can also resolve difficult communication situations where gestures just won't help.

This book contains a lot of phrases that have been grouped according to the most relevant topics. A separate section of the book also provides a small dictionary with more than 1,500 important and useful words.

Take "Everything Will Be Okay" phrasebook with you on the road and you'll have an irreplaceable traveling companion who will help you find your way out of any situation and teach you to not fear speaking with foreigners.

TABLE OF CONTENTS

T&P Books Publishing

PRONUNCIATION

Letter	Estonian example	T&P phonetic alphabet	English example

Vowels

Letter	Estonian example	T&P phonetic alphabet	English example
a	vana	[ɑ]	shorter than in park, card
aa	poutaa	[ɑː]	father, answer
e	ema	[e]	elm, medal
ee	Ameerika	[eː]	longer than in bell
i	ilus	[i]	shorter than in feet
ii	viia	[iː]	feet, meter
o	orav	[o]	pod, John
oo	antiloop	[oː]	fall, bomb
u	surma	[u]	book
uu	arbuus	[uː]	pool, room
õ	võõras	[ɔʊ]	rose, window
ä	pärn	[æ]	chess, man
ö	köha	[ø]	eternal, church
ü	üks	[y]	fuel, tuna

Consonants

Letter	Estonian example	T&P phonetic alphabet	English example
b	tablett	[b]	baby, book
d	delfiin	[d]	day, doctor
f	faasan	[f]	face, food
g	flamingo	[g]	game, gold
h	haamer	[h]	home, have
j	harjumus	[j]	yes, New York
k	helikopter	[k]	clock, kiss
l	ingel	[l]	lace, people
m	magnet	[m]	magic, milk
n	nöör	[n]	name, normal
p	poolsaar	[p]	pencil, private
r	ripse	[r]	rice, radio
s	sõprus	[s]	city, boss
š	šotlane	[ʃ]	machine, shark
t	tantsima	[t]	tourist, trip
v	pilves	[ʋ]	vase, winter

Letter	Estonian example	T&P phonetic alphabet	English example
z	zookauplus	[z]	zebra, please
ž [1]	žonglöör	[ʒ]	sharp, azure

Comments

[1] in loanwords only

LIST OF ABBREVIATIONS

English abbreviations

ab.	-	about
adj	-	adjective
adv	-	adverb
anim.	-	animate
as adj	-	attributive noun used as adjective
e.g.	-	for example
etc.	-	et cetera
fam.	-	familiar
fem.	-	feminine
form.	-	formal
inanim.	-	inanimate
masc.	-	masculine
math	-	mathematics
mil.	-	military
n	-	noun
pl	-	plural
pron.	-	pronoun
sb	-	somebody
sing.	-	singular
sth	-	something
v aux	-	auxiliary verb
vi	-	intransitive verb
vi, vt	-	intransitive, transitive verb
vt	-	transitive verb

ESTONIAN
PHRASEBOOK

This section contains
important phrases that may
come in handy in various
real-life situations.
The phrasebook will help
you ask for directions, clarify
a price, buy tickets, and
order food at a restaurant

T&P Books Publishing

PHRASEBOOK CONTENTS

T&P Books Publishing

Excuse me, ...	**Vabandage, ...** [ʋabandage, ...]
Hello.	**Tere.** [tere]
Thank you.	**Aitäh.** [aitæh]
Good bye.	**Nägemist.** [næɡemisʲt]
Yes.	**Jah.** [jah]
No.	**Ei.** [ej]
I don't know.	**Ma ei tea.** [ma ej tea]
Where? | Where to? | When?	**Kus? | Kuhu? | Millal?** [kus? | kuhu? | milʲæl?]

I need ...	**Mul on ... vaja** [mulʲ on ... ʋaja]
I want ...	**Ma tahan ...** [ma tahan ...]
Do you have ...?	**Kas teil on ... ?** [kas tejlʲ on ... ?]
Is there a ... here?	**Kas siin on kusagil ... ?** [kas siːn on kusagilʲ ... ?]
May I ...?	**Kas ma tohin ...?** [kas ma tohin ...?]
..., please (polite request)	**Palun, ...** [palun, ...]

I'm looking for ...	**Ma otsin ...** [ma otsin ...]
restroom	**tualetti** [tualetti]
ATM	**pangaautomaati** [pangaːutomaːti]
pharmacy (drugstore)	**apteeki** [apteːki]
hospital	**haiglat** [haiglat]
police station	**politseijaoskonda** [politseijaoskonda]
subway	**metroojaama** [metroːjaːma]

taxi	**taksot** [taksot]
train station	**raudteejaama** [raudte:ja:ma]

My name is …	**Minu nimi on …** [minu nimi on …]
What's your name?	**Mis teie nimi on?** [mis teje nimi on?]
Could you please help me?	**Palun aidake mind.** [palun aidake mind]
I've got a problem.	**Ma vajan teie abi.** [ma vajan teje abi]
I don't feel well.	**Mul on halb olla.** [mulʲ on halʲb olʲæ]
Call an ambulance!	**Kutsuge kiirabi!** [kutsuge ki:rabi!]
May I make a call?	**Kas ma tohin helistada?** [kas ma tohin helisʲtada?]

I'm sorry.	**Vabandage.** [ʋabandage]
You're welcome.	**Tänan.** [tænan]

I, me	**mina, ma** [mina, ma]
you (inform.)	**sina, sa** [sina, sa]
he	**tema, ta** [tema, ta]
she	**tema, ta** [tema, ta]
they (masc.)	**nemad, nad** [nemad, nat]
they (fem.)	**nemad, nad** [nemad, nat]
we	**meie, me** [meje, me]
you (pl)	**teie, te** [teje, te]
you (sg, form.)	**teie** [teje]

ENTRANCE	**SISSEPÄÄS** [sissepæ:s]
EXIT	**VÄLJAPÄÄS** [ʋæljapæ:s]
OUT OF ORDER	**EI TÖÖTA** [ej tø:ta]
CLOSED	**SULETUD** [suletut]

OPEN	**AVATUD**
	[avatut]
FOR WOMEN	**NAISTE**
	[naisˈte]
FOR MEN	**MEESTE**
	[me:sˈte]

Questions

Where?	**Kus?** [kus?]
Where to?	**Kuhu?** [kuhu?]
Where from?	**Kust?** [kusᵗt?]
Why?	**Miks?** [miks?]
For what reason?	**Milleks?** [milʲeks?]
When?	**Millal?** [milʲæl?]

How long?	**Kui kaua?** [kui kaua?]
At what time?	**Mis ajal?** [mis ajal?]
How much?	**Kui palju maksab?** [kui palju maksab?]
Do you have ...?	**Kas teil on ...?** [kas tejlʲ on ...?]
Where is ...?	**Kus asub ...?** [kus asub ...?]

What time is it?	**Mis kell on?** [mis kelʲ on?]
May I make a call?	**Kas ma tohin helistada?** [kas ma tohin helisʲtada?]
Who's there?	**Kes seal on?** [kes sealʲ on?]
Can I smoke here?	**Kas tohin siin suitsetada?** [kas tohin si·n suitsetada?]
May I ...?	**Kas ma tohin ...?** [kas ma tohin ...?]

Needs

I'd like …	**Ma tahaksin …** [ma tahaksin …]
I don't want …	**Ma ei taha …** [ma ej taha …]
I'm thirsty.	**Mul on janu.** [mulʲ on janu]
I want to sleep.	**Ma tahan magada.** [ma tahan magada]

I want …	**Ma tahan …** [ma tahan …]
to wash up	**käsi pesta** [kæsi pesʲta]
to brush my teeth	**hambaid pesta** [hambait pesʲta]
to rest a while	**veidi puhata** [ʋejdi puhata]
to change my clothes	**riideid vahetada** [riːdejt ʋahetada]

to go back to the hotel	**hotelli tagasi minna** [hotelʲi tagasi minna]
to buy …	**osta …** [osʲta …]
to go to …	**minna …** [minna …]
to visit …	**külastada …** [kʉlasʲtada …]
to meet with …	**kohtuda …** [kohtuda …]
to make a call	**helistada** [helisʲtada]

I'm tired.	**Ma olen väsinud.** [ma olen ʋæsinud]
We are tired.	**Me oleme väsinud.** [me oleme ʋæsinud]
I'm cold.	**Mul on külm.** [mulʲ on kʉlʲm]
I'm hot.	**Mul on palav.** [mulʲ on palaʋ]
I'm OK.	**Ma tunnen ennast hästi.** [ma tunnen ennasʲt hæsʲti]

I need to make a call.

Mul on vaja helistada.
[mulʲ on ʋaja helisʲtada]

I need to go to the restroom.

Pean tualetti minema.
[pean tualetti minema]

I have to go.

Ma pean lahkuma.
[ma pean lahkuma]

I have to go now.

Ma pean nüüd lahkuma.
[ma pean nʉːt lahkuma]

Asking for directions

Excuse me, ...	**Vabandage, ...** [ʊabandage, ...]
Where is ...?	**Kus asub ...?** [kus asub ...?]
Which way is ...?	**Kuspool asub ...?** [kuspoːlʲ asub ...?]
Could you help me, please?	**Palun, kas aitaksite mind?** [palun, kas aitaksite mind?]

I'm looking for ...	**Ma otsin ...** [ma otsin ...]
I'm looking for the exit.	**Ma otsin väljapääsu.** [ma otsin ʊæljapæːsu]
I'm going to ...	**Ma sõidan ...** [ma sɜidan ...]
Am I going the right way to ...?	**Kas ma lähen õiges suunas,** **et jõuda ...?** [kas ma lʲæhen ɜiges suːnas, et jɜuda ...?]

Is it far?	**Kas see on kaugel?** [kas seː on kaugel?]
Can I get there on foot?	**Kas ma saan sinna jalgsi minna?** [kas ma saːn sinna jalʲgsi minna?]
Can you show me on the map?	**Palun näidake mulle seda kaardil.** [palun næjdake mulʲe seda kaːrdil]
Show me where we are right now.	**Näidake mulle, kus me praegu asume.** [næjdake mulʲe, kus me praegu asume]

Here	**Siin** [siːn]
There	**Seal** [sealʲ]
This way	**Siia** [siːa]

Turn right.	**Keerake paremale.** [keːrake paremale]
Turn left.	**Keerake vasakule.** [keːrake ʊasakule]
first (second, third) turn	**esimesel (teisel, kolmandal) ristmikul** [esimeselʲ (tejselʲ, kolʲmandalʲ) risʲtmikulʲ]
to the right	**paremale** [paremale]

to the left **vasakule**
[vasakule]

Go straight ahead. **Minge otse edasi.**
[minge otse edasi]

Signs

WELCOME!	**TERE TULEMAST!** [tere tulemasʲtʲ]
ENTRANCE	**SISSEPÄÄS** [sissepæ:s]
EXIT	**VÄLJAPÄÄS** [ʋæljapæ:s]

PUSH	**LÜKAKE** [lʉkake]
PULL	**TÕMMAKE** [tɜmmake]
OPEN	**AVATUD** [aʋatut]
CLOSED	**SULETUD** [suletut]

FOR WOMEN	**NAISTE** [naisʲte]
FOR MEN	**MEESTE** [me:sʲte]
GENTLEMEN, GENTS (m)	**MEESTI TUALETT** [me:sʲti tualett]
WOMEN (f)	**NAISTE TUALETT** [naisʲte tualett]

DISCOUNTS	**ALLAHINDLUS** [alʲæhintlus]
SALE	**ODAV VÄLJAMÜÜK** [odaʋ ʋæljamʉ:k]
FREE	**TASUTA** [tasuta]
NEW!	**UUS!** [u:s!]
ATTENTION!	**TÄHELEPANU!** [tæhelepanu!]

NO VACANCIES	**VABU KOHTI POLE** [ʋabu kohti pole]
RESERVED	**RESERVEERITUD** [reserʋe:ritut]
ADMINISTRATION	**ADMINISTRATSIOON** [adminisʲtratsio:n]
STAFF ONLY	**AINULT PERSONALILE** [ainulʲt personalile]

BEWARE OF THE DOG! **KURI KOER!**
[kuri koer!]

NO SMOKING! **SUITSETAMINE KEELATUD!**
[suitsetamine ke:latud!]

DO NOT TOUCH! **MITTE PUUDUTADA!**
[mitte pu:dutada!]

DANGEROUS **OHTLIK**
[ohtlik]

DANGER **OHT**
[oht]

HIGH VOLTAGE **KÕRGEPINGE**
[kɜrgepinge]

NO SWIMMING! **UJUMINE KEELATUD!**
[ujumine ke:latud!]

OUT OF ORDER **EI TÖÖTA**
[ej tø:ta]

FLAMMABLE **TULEOHTLIK**
[tuleohtlik]

FORBIDDEN **KEELATUD**
[ke:latud]

NO TRESPASSING! **LOATA SISENEMINE KEELATUD!**
[loata sisenemine ke:latud!]

WET PAINT **VÄRSKE VÄRV**
[ʋærske ʋærʋ]

CLOSED FOR RENOVATIONS **REMONDI TÕTTU SULETUD**
[remondi tɜttu suletut]

WORKS AHEAD **EES ON TEETÖÖD**
[e:s on te:tø:t]

DETOUR **ÜMBERSÕIT**
[ʉmbersɜit]

Transportation. General phrases

plane	lennuk
	[lennuk]
train	rong
	[rong]
bus	buss
	[bus]
ferry	parvlaev
	[parʋlaeʋ]
taxi	takso
	[takso]
car	auto
	[auto]

schedule	sõiduplaan
	[sɜidupla:n]
Where can I see the schedule?	Kus ma saaksin sõiduplaani näha?
	[kus ma sa:ksin sɜidupla:ni næha?]
workdays (weekdays)	tööpäevad, argipäevad
	[tø:pæeʋat, argipæeʋad]
weekends	nädalalõpud
	[nædalalɜput]
holidays	riigipühad
	[ri:gipʉhat]

DEPARTURE	väljalend
	[ʋæljalent]
ARRIVAL	saabumine
	[sa:bumine]
DELAYED	edasi lükatud
	[edasi lʉkatut]
CANCELLED	tühistatud
	[tʉhisˈtatut]

next (train, etc.)	järgmine (rong jms)
	[jærgmine]
first	esimene
	[esimene]
last	viimane
	[ʋi:mane]

When is the next ...?	Millal järgmine ... tuleb?
	[milʲælʲ jærgmine ... tuleb?]
When is the first ...?	Millal esimene ... väljub?
	[milʲælʲ esimene ... ʋæljub?]

When is the last ...?

Millal väljub viimane ...?
[milʲælʲ ʋælʲjub ʋiːmane ...?]

transfer (change of trains, etc.)

ümberistumine
[ʉmberisʲtumine]

to make a transfer

ümber istuma
[ʉmber isʲtuma]

Do I need to make a transfer?

Kas ma pean ümber istuma?
[kas ma pean ʉmber isʲtuma?]

Buying tickets

Where can I buy tickets?	**Kust ma saan pileteid osta?** [kusᵗ ma saːn piletejt osᵗta?]
ticket	**pilet** [pilet]
to buy a ticket	**piletit osta** [piletit osᵗta]
ticket price	**piletihind** [piletihint]
Where to?	**Kuhu?** [kuhu?]
To what station?	**Millise jaamani?** [milʲise jaːmani?]
I need ...	**Mul on ... vaja** [mulʲ on ... ʋaja]
one ticket	**ühe pileti** [ʉhe pileti]
two tickets	**kaks piletit** [kaks piletit]
three tickets	**kolm piletit** [kolʲm piletit]
one-way	**üheotsa** [ʉheotsa]
round-trip	**edasi-tagasi** [edasi-tagasi]
first class	**esimene klass** [esimene klass]
second class	**teine klass** [tejne klas]
today	**täna** [tæna]
tomorrow	**homme** [homme]
the day after tomorrow	**ülehomme** [ʉlehomme]
in the morning	**hommikul** [hommikulʲ]
in the afternoon	**pärastlõunal** [pærasᵗtlɜunalʲ]
in the evening	**õhtul** [ɜhtulʲ]

aisle seat

vahekäigupoolne koht
[ʋahekæjgupo:lˡne koht]

window seat

aknaalune koht
[akna:lune koht]

How much?

Kui palju?
[kui palju?]

Can I pay by credit card?

Kas ma saan tasuda maksekaardiga?
[kas ma sa:n tasuda makseka:rdiga?]

Bus

bus	**buss** [bus]
intercity bus	**linnadevaheline buss** [linnadeʋaheline bus]
bus stop	**bussipeatus** [bussipeatus]
Where's the nearest bus stop?	**Kus asub lähim bussipeatus?** [kus asub lʲæhim bussipeatus?]

number (bus ~, etc.)	**number (bussi vm)** [number]
Which bus do I take to get to ...?	**Milline buss sõidab ...?** [milʲine buss sɜidab ...?]
Does this bus go to ...?	**Kas ma saan selle bussiga ...?** [kas ma saːn selʲe bussiga ...?]
How frequent are the buses?	**Kui sageli bussid käivad?** [kui sageli bussit kæjʋad?]

every 15 minutes	**iga veerand tunni järel** [iga ʋeːrant tunni jærelʲ]
every half hour	**iga poole tunni järel** [iga poːle tunni jærelʲ]
every hour	**iga tunni järel** [iga tunni jærelʲ]
several times a day	**mitu korda päevas** [mitu korda pææʋas]
... times a day	**... korda päevas** [... korda pææʋas]

schedule	**sõiduplaan** [sɜiduplaːn]
Where can I see the schedule?	**Kus ma saaksin sõiduplaani näha?** [kus ma saːksin sɜiduplaːni næha?]
When is the next bus?	**Millal järgmine buss tuleb?** [milʲælʲ jærgmine bus tuleb?]
When is the first bus?	**Millal esimene buss väljub?** [milʲælʲ esimene buss ʋæljub?]
When is the last bus?	**Millal viimane buss väljub?** [milʲælʲ ʋiːmane bus ʋæljub?]

stop	**peatus** [peatus]
next stop	**järgmine peatus** [jærgmine peatus]

last stop (terminus)

viimane peatus, lõpp-peatus
[ʋiːmane peatus, lɘpp-peatus]

Stop here, please.

Palun pidage siin kinni.
[palun pidage siːn kinni]

Excuse me, this is my stop.

Vabandage, minu peatus on siin.
[ʋabandage, minu peatus on siːn]

Train

train	**rong** [rong]
suburban train	**linnalähirong** [linnalʲæhirong]
long-distance train	**rong** [rong]
train station	**raudteejaam** [raudteːjaːm]
Excuse me, where is the exit to the platform?	**Vabandage, kust pääseb perroonile?** [ʋabandage, kusʲt pæːseb perroːnile?]
Does this train go to ...?	**Kas see rong sõidab ...?** [kas seː rong sɜidab ...?]
next train	**järgmine rong** [jærgmine rong]
When is the next train?	**Millal järgmine rong tuleb?** [milʲælʲ jærgmine rong tuleb?]
Where can I see the schedule?	**Kus ma saaksin sõiduplaani näha?** [kus ma saːksin sɜiduplaːni næha?]
From which platform?	**Milliselt perroonilt?** [milʲiselʲt perroːnilʲt?]
When does the train arrive in ...?	**Millal see rong jõuab ...?** [milʲælʲ seː rong jɜuab ...?]
Please help me.	**Palun aidake mind.** [palun aidake mind]
I'm looking for my seat.	**Ma otsin oma kohta.** [ma otsin oma kohta]
We're looking for our seats.	**Me otsime oma kohti.** [me otsime oma kohti]
My seat is taken.	**Minu koht on hõivatud.** [minu koht on hɜiʋatud]
Our seats are taken.	**Meie kohad on hõivatud.** [meje kohat on hɜiʋatud]
I'm sorry but this is my seat.	**Vabandage, see on minu koht.** [ʋabandage, seː on minu koht]
Is this seat taken?	**Kas see koht on vaba?** [kas seː koht on ʋaba?]
May I sit here?	**Kas ma tohin siia istuda?** [kas ma tohin siːa isʲtuda?]

On the train. Dialogue (No ticket)

Ticket, please.
Palun esitage oma pilet.
[palun esitage oma pilet]

I don't have a ticket.
Mul ei ole piletit.
[mulʲ ej ole piletit]

I lost my ticket.
Ma olen oma pileti ära kaotanud.
[ma olen oma pileti æra kaotanud]

I forgot my ticket at home.
Unustasin pileti koju.
[unusʲtasin pileti koju]

You can buy a ticket from me.
Te saate osta pileti minu käest.
[te saːte osʲta pileti minu kæesʲt]

You will also have to pay a fine.
Te peate maksma ka trahvi.
[te peate maksma ka trahʋi]

Okay.
Hea küll.
[hea kʉlʲ]

Where are you going?
Kuhu te sõidate?
[kuhu te sɜidate?]

I'm going to ...
Ma sõidan ...
[ma sɜidan ...]

How much? I don't understand.
Kui palju? Ma ei saa aru.
[kui palju? ma ej saː aru]

Write it down, please.
Palun kirjutage see üles.
[palun kirjutage seː ʉles]

Okay. Can I pay with a credit card?
Hea küll. Kas ma saan tasuda maksekaardiga?
[hea kʉlʲ kas ma saːn tasuda maksekaːrdiga?]

Yes, you can.
Jah, saate.
[jah, saːte]

Here's your receipt.
Siin on teie kviitung.
[siːn on teje kʋiːtung]

Sorry about the fine.
Kahju, et pidite trahvi maksma.
[kahju, et pidite trahʋi maksma]

That's okay. It was my fault.
Pole hullu. Oma viga.
[pole hulʲu oma ʋiga]

Enjoy your trip.
Head reisi.
[heat rejsi]

Taxi

taxi	**takso** [takso]
taxi driver	**taksojuht** [taksojuht]
to catch a taxi	**taksot püüdma** [taksot pʉ:dma]
taxi stand	**taksopeatus** [taksopeatus]
Where can I get a taxi?	**Kust ma saan takso võtta?** [kusʲt ma sa:n takso ʋɜtta?]
to call a taxi	**kutsuge takso välja** [kutsuge takso ʋælja]
I need a taxi.	**Ma soovin taksot.** [ma so:ʋin taksot]
Right now.	**Kohe praegu.** [kohe praegu]
What is your address (location)?	**Öelge oma aadress?** [øelʲge oma a:dress?]
My address is ...	**Minu aadress on ...** [minu a:dres on ...]
Your destination?	**Kuhu te soovite sõita?** [kuhu te so:ʋite sɜita?]
Excuse me, ...	**Vabandage, ...** [ʋabandage, ...]
Are you available?	**Kas te olete vaba?** [kas te olete ʋaba?]
How much is it to get to ...?	**Kui palju läheb maksma sõit ...?** [kui palju lʲæheb maksma sɜit ...?]
Do you know where it is?	**Kas te teate, kus see asub?** [kas te teate, kus se: asub?]
Airport, please.	**Palun viige mind lennujaama.** [palun ʋi:ge mint lennuja:ma]
Stop here, please.	**Palun peatuge siin.** [palun peatuge si:n]
It's not here.	**See ei ole siin.** [se: ej ole si:n]
This is the wrong address.	**See on vale aadress.** [se: on ʋale a:dress]
Turn left.	**Keerake vasakule.** [ke:rake ʋasakule]
Turn right.	**Keerake paremale.** [ke:rake paremale]

How much do I owe you?

Palju ma teile võlgnen?
[palju ma tejle vɜlʲgnen?]

I'd like a receipt, please.

Palun andke mulle kviitung.
[palun andke mulʲe kʋi:tung]

Keep the change.

Tagasi pole vaja.
[tagasi pole ʋaja]

Would you please wait for me?

Palun, kas te ootaksite mind?
[palun, kas te o:taksite mind?]

five minutes

viis minutit
[ʋi:s minutit]

ten minutes

kümme minutit
[kʉmme minutit]

fifteen minutes

viisteist minutit
[ʋi:sʲtejsʲt minutit]

twenty minutes

kakskümmend minutit
[kakskʉmment minutit]

half an hour

pool tundi
[po:lʲ tundi]

Hotel

Hello.	**Tere.** [tere]
My name is ...	**Minu nimi on ...** [minu nimi on ...]
I have a reservation.	**Mul on koht kinni pandud.** [mulʲ on koht kinni pandud]
I need ...	**Mul on ... vaja** [mulʲ on ... ʋaja]
a single room	**tuba ühele** [tuba ühele]
a double room	**tuba kahele** [tuba kahele]
How much is that?	**Palju see maksab?** [palju se: maksab?]
That's a bit expensive.	**See on kallivõitu.** [se: on kalʲiʋɔitu]
Do you have anything else?	**Kas teil on midagi muud pakkuda?** [kas tejlʲ on midagi mu:t pakkuda?]
I'll take it.	**Ma võtan selle.** [ma ʋɔtan selʲe]
I'll pay in cash.	**Ma maksan sularahas.** [ma maksan sularahas]
I've got a problem.	**Ma vajan teie abi.** [ma ʋajan teje abi]
My ... is broken.	**Minu ... on katki.** [minu ... on katki]
My ... is out of order.	**Minu ... on rikkis.** [minu ... on rikkis]
TV	**televiisor** [teleʋi:sor]
air conditioner	**kliimaseade** [kli:maseade]
tap	**kraan** [kra:n]
shower	**dušš** [duʃʃ]
sink	**kraanikauss** [kra:nikauss]
safe	**seif** [sejf]

door lock	**ukselukk**
	[ukselukk]
electrical outlet	**pistikupesa**
	[pisʲtikupesa]
hairdryer	**föön**
	[føːn]

I don't have ...	**Minu numbris ei ole ...**
	[minu numbris ej ole ...]
water	**vett**
	[ʋett]
light	**valgust**
	[ʋalʲgusʲt]
electricity	**elektrit**
	[elektrit]

Can you give me ...?	**Palun, kas te tooksite mulle ...?**
	[palun, kas te toːksite mulʲe ...?]
a towel	**käterätiku**
	[kæterætiku]
a blanket	**teki**
	[teki]
slippers	**tuhvlid**
	[tuhʋlit]
a robe	**hommikumantli**
	[hommikumantli]
shampoo	**šampooni**
	[ʃampoːni]
soap	**seepi**
	[seːpi]

I'd like to change rooms.	**Sooviksin tuba vahetada.**
	[soːʋiksin tuba ʋahetada]
I can't find my key.	**Ma ei leia oma võtit.**
	[ma ej leja oma ʋɤtit]
Could you open my room, please?	**Palun tehke mu tuba lahti?**
	[palun tehke mu tuba lahti?]
Who's there?	**Kes seal on?**
	[kes sealʲ on?]
Come in!	**Tulge sisse!**
	[tulʲge sisse!]
Just a minute!	**Palun oodake, kohe tulen!**
	[palun oːdake, kohe tulen!]
Not right now, please.	**Palun, mitte praegu.**
	[palun, mitte praegu]

Come to my room, please.	**Palun tulge minu tuppa.**
	[palun tulʲge minu tuppa]
I'd like to order food service.	**Sooviv tellida sööki numbrisse.**
	[soːʋiʋ telʲida søːki numbrisse]
My room number is ...	**Minu toanumber on ...**
	[minu toanumber on ...]

I'm leaving ...

Ma lahkun ...
[ma lahkun ...]

We're leaving ...

Me lahkume ...
[me lahkume ...]

right now

kohe praegu
[kohe praegu]

this afternoon

täna pärastlõunal
[tæna pærasʲtlɜunalʲ]

tonight

täna õhtul
[tæna ɜhtulʲ]

tomorrow

homme
[homme]

tomorrow morning

homme hommikul
[homme hommikulʲ]

tomorrow evening

homme õhtul
[homme ɜhtulʲ]

the day after tomorrow

ülehomme
[ʉlehomme]

I'd like to pay.

Soovin maksta.
[soːʋin maksʲta]

Everything was wonderful.

Kõik oli suurepärane.
[kɜik oli suːrepærane]

Where can I get a taxi?

Kust ma saan takso võtta?
[kusʲt ma saːn takso ʋɜtta?]

Would you call a taxi for me, please?

Palun kutsuge mulle takso?
[palun kutsuge mulʲe takso?]

Restaurant

Can I look at the menu, please?
Palun tooge mulle menüü?
[palun to:ge mulʲe menʉ:?]

Table for one.
Laud ühele.
[laut ʉhele]

There are two (three, four) of us.
Me oleme kahekesi (kolmekesi, neljakesi).
[me oleme kahekesi (kolʲmekesi, neljakesi)]

Smoking
Suitsetajatele
[suitsetajatele]

No smoking
Mittesuitsetajatele
[mittesuitsetajatele]

Excuse me! (addressing a waiter)
Vabandage!
[ʋabandage!]

menu
menüü
[menʉ:]

wine list
veinikaart
[ʋejnika:rt]

The menu, please.
Palun menüü.
[palun menʉ:]

Are you ready to order?
Kas olete valmis tellima?
[kas olete ʋalʲmis telʲima?]

What will you have?
Mida te tellite?
[mida te telʲite?]

I'll have …
Tooge palun …
[to:ge palun …]

I'm a vegetarian.
Ma olen taimetoitlane.
[ma olen taimetojtlane]

meat
liha
[liha]

fish
kala
[kala]

vegetables
köögivili
[kø:giʋili]

Do you have vegetarian dishes?
Kas teil on taimetoitlastele mõeldud roogi?
[kas tejlʲ on taimetojtlasʲtele mɜelʲdut ro:gi?]

I don't eat pork.
Ma ei söö sealiha.
[ma ej sø: sealiha]

He /she/ doesn't eat meat.

Tema ei söö liha.
[tema ej sø: liha]

I am allergic to ...

Mul on allergia ... vastu.
[mulʲ on alʲergia ... ʋasʲtu]

Would you please bring me ...

Palun tooge mulle ...
[palun to:ge mulʲe ...]

salt | pepper | sugar

soola | pipart | suhkrut
[so:la | pipart | suhkrut]

coffee | tea | dessert

kohvi | teed | magustoit
[kohʋi | te:t | magusʲtojt]

water | sparkling | plain

vett | mullivett | puhast vett
[ʋett | mulʲiʋett | puhasʲt ʋett]

a spoon | fork | knife

lusikas | kahvel | nuga
[lusikas | kahʋelʲ | nuga]

a plate | napkin

taldrik | salvrätik
[talʲdrik | salʲʋrætik]

Enjoy your meal!

Head isu!
[heat isu!]

One more, please.

Palun veel üks.
[palun ʋe:lʲ ɐks]

It was very delicious.

Oli väga maitsev.
[oli ʋæga maitseʋ]

check | change | tip

arve | raha tagasi | jootraha
[arʋe | raha tagasi | jo:traha]

Check, please.
(Could I have the check, please?)

Arve, palun.
[arʋe, palun]

Can I pay by credit card?

Kas ma saan tasuda maksekaardiga?
[kas ma sa:n tasuda makseka:rdiga?]

I'm sorry, there's a mistake here.

Vabandage, aga siin on midagi valesti.
[ʋabandage, aga si:n on midagi ʋalesʲti]

Shopping

Can I help you?	**Kuidas saan teid aidata?** [kuidas sa:n tejt aidata?]
Do you have …?	**Kas teil on …?** [kas tejlʲ on …?]
I'm looking for …	**Ma otsin …** [ma otsin …]
I need …	**Mul on … vaja** [mulʲ on … ʋaja]
I'm just looking.	**Ma ainult vaatan.** [ma ainulʲt ʋa:tan]
We're just looking.	**Me ainult vaatame.** [me ainulʲt ʋa:tame]
I'll come back later.	**Ma tulen hiljem tagasi.** [ma tulen hiljem tagasi]
We'll come back later.	**Me tuleme hiljem tagasi.** [me tuleme hiljem tagasi]
discounts | sale	**allahindlus | odav väljamüük** [alʲæhintlus | odaʋ ʋæljamʉ:k]
Would you please show me …	**Palun näidake mulle …** [palun næjdake mulʲe …]
Would you please give me …	**Palun andke mulle …** [palun andke mulʲe …]
Can I try it on?	**Kas ma saaksin seda proovida?** [kas ma sa:ksin seda pro:ʋida?]
Excuse me, where's the fitting room?	**Vabandage, kus proovikabiin on?** [ʋabandage, kus pro:ʋikabi:n on?]
Which color would you like?	**Millist värvi te soovite?** [milʲisʲt ʋ ærʋi te so:ʋite?]
size | length	**suurus | pikkus** [su:rus | pikkus]
How does it fit?	**Kas see sobib teile?** [kas se: sobib tejle?]
How much is it?	**Kui palju see maksab?** [kui palju se: maksab?]
That's too expensive.	**See on liiga kallis.** [se: on li:ga kalʲis]
I'll take it.	**Ma võtan selle.** [ma ʋɜtan selʲe]
Excuse me, where do I pay?	**Vabandage, kus ma tasuda saan?** [ʋabandage, kus ma tasuda sa:n?]

Will you pay in cash or credit card?

Kas maksate sularahas või maksekaardiga?
[kas maksate sularahas ʋɜi makseka:rdiga?]

In cash | with credit card

sularahas | maksekaardiga
[sularahas | makseka:rdiga]

Do you want the receipt?

Kas te kviitungit soovite?
[kas te kʋi:tungit so:ʋite?]

Yes, please.

Jah, palun.
[jah, palun]

No, it's OK.

Ei, pole vaja.
[ej, pole ʋaja]

Thank you. Have a nice day!

Tänan teid. Kena päeva teile!
[tænan tejd. kena pæəʋa tejle!]

In town

Excuse me, please.	**Vabandage, palun.** [ʋabandage, palun]
I'm looking for …	**Ma otsin …** [ma otsin …]

the subway	**metroojaama** [metroːjaːma]
my hotel	**oma hotelli** [oma hotelʲi]
the movie theater	**kino** [kino]
a taxi stand	**taksopeatust** [taksopeatusʲt]

an ATM	**pangaautomaati** [panga:utoma:ti]
a foreign exchange office	**valuutavahetuspunkti** [ʋaluːtaʋahetuspunkti]
an internet café	**internetikohvikut** [internetikohʋikut]
… street	**… tänavat** [… tænaʋat]
this place	**seda kohta siin** [seda kohta siːn]

Do you know where … is?	**Kas te teate, kus asub…?** [kas te teate, kus asub…?]
Which street is this?	**Mis selle tänava nimi on?** [mis selʲe tænaʋa nimi on?]

Show me where we are right now.	**Näidake mulle, kus me praegu oleme.** [næjdake mulʲe, kus me praegu oleme]
Can I get there on foot?	**Kas ma saan sinna jalgsi minna?** [kas ma saːn sinna jalʲgsi minna?]
Do you have a map of the city?	**Kas teil on linna kaarti?** [kas tejlʲ on linna kaːrti?]

How much is a ticket to get in?	**Kui kallis pilet on?** [kui kalʲis pilet on?]
Can I take pictures here?	**Kas siin tohib pildistada?** [kas siːn tohib pilʲdisʲtada?]
Are you open?	**Kas te olete avatud?** [kas te olete aʋatud?]

When do you open?

Millal te avate?
[milʲælʲ te aʋate?]

When do you close?

Millal te sulgete?
[milʲælʲ te sulʲgete?]

Money

money	**raha** [raha]
cash	**sularaha** [sularaha]
paper money	**paberraha** [paberraha]
loose change	**peenraha** [pe:nraha]
check | change | tip	**arve | raha tagasi | jootraha** [arʋe | raha tagasi | jo:traha]
credit card	**maksekaart, krediitkaart** [makseka:rt, kredi:tka:rt]
wallet	**rahakott** [rahakott]
to buy	**osta** [osʲta]
to pay	**maksta** [maksʲta]
fine	**trahv** [trahʋ]
free	**tasuta** [tasuta]
Where can I buy ...?	**Kust ma saan ... osta?** [kusʲt ma sa:n ... osʲta?]
Is the bank open now?	**Kas pank on praegu lahti?** [kas pank on praegu lahti?]
When does it open?	**Millal see avatakse?** [milʲælʲ se: aʋatakse?]
When does it close?	**Millal see suletakse?** [milʲælʲ se· suletakse?]
How much?	**Kui palju?** [kui palju?]
How much is this?	**Kui palju see maksab?** [kui palju se: maksab?]
That's too expensive.	**See on liiga kallis.** [se: on li:ga kalʲis]
Excuse me, where do I pay?	**Vabandage, kus ma saan maksta?** [ʋabandage, kus ma sa:n maksʲta?]
Check, please.	**Arve, palun.** [arʋe, palun]

Can I pay by credit card? **Kas ma saan tasuda maksekaardiga?**
[kas ma saːn tasuda maksekaːrdiga?]

Is there an ATM here? **Kas siin läheduses on pangautomaat?**
[kas siːn lʲæheduses on pangautomaːt?]

I'm looking for an ATM. **Ma otsin pangautomaati.**
[ma otsin pangautomaːti]

I'm looking for a foreign exchange office. **Ma otsin valuutavahetuspunkti.**
[ma otsin valuːtavahetuspunkti]

I'd like to change … **Sooviksin vahetada …**
[soːviksin vahetada …]

What is the exchange rate? **Milline on vahetuskurss?**
[milʲine on vahetuskurss?]

Do you need my passport? **Kas vajate mu passi?**
[kas vajate mu passi?]

Time

What time is it?	**Mis kell on?** [mis kelʲ on?]
When?	**Millal?** [milʲæl?]
At what time?	**Mis ajal?** [mis ajal?]
now | later | after …	**praegu | hiljem | pärast …** [praegu | hiljem | pærasʲt …]

one o'clock	**kell üks päeval** [kelʲ ʉks pæəʋalʲ]
one fifteen	**kell veerand kaks** [kelʲ ʋe:rant kaks]
one thirty	**kell pool kaks** [kelʲ po:lʲ kaks]
one forty-five	**kell kolmveerand kaks** [kelʲ kolʲmʋe:rant kaks]

one | two | three	**üks | kaks | kolm** [ʉks | kaks | kolʲm]
four | five | six	**neli | viis | kuus** [neli | ʋi:s | ku:s]
seven | eight | nine	**seitse | kaheksa | üheksa** [sejtse | kaheksa | ʉheksa]
ten | eleven | twelve	**kümme | üksteist | kaksteist** [kʉmme | ʉksʲtejsʲt | kaksʲtejsʲt]

in …	**… pärast** [… pærasʲt]
five minutes	**viie minuti** [ʋi:e minuti]
ten minutes	**kümne minuti** [kʉmne minuti]
fifteen minutes	**viieteistkümne minuti** [ʋi:etejsʲtkʉmne minuti]
twenty minutes	**kahekümne minuti** [kahekʉmne minuti]

half an hour	**poole tunni** [po:le tunni]
an hour	**tunni** [tunni]

in the morning	**hommikul** [hommikulʲ]
early in the morning	**varahommikul** [ʋarahommikulʲ]
this morning	**täna hommikul** [tæna hommikulʲ]
tomorrow morning	**homme hommikul** [homme hommikulʲ]
in the middle of the day	**keskpäeval** [keskpæəʋalʲ]
in the afternoon	**pärast lõunat** [pærasʲt lɜunat]
in the evening	**õhtul** [ɜhtulʲ]
tonight	**täna õhtul** [tæna ɜhtulʲ]
at night	**öösel** [ø:selʲ]
yesterday	**eile** [ejle]
today	**täna** [tæna]
tomorrow	**homme** [homme]
the day after tomorrow	**ülehomme** [ʉlehomme]
What day is it today?	**Mis päev täna on?** [mis pæəʋ tæna on?]
It's …	**Täna on …** [tæna on …]
Monday	**esmaspäev** [esmaspæəʋ]
Tuesday	**teisipäev** [tejsipæəʋ]
Wednesday	**kolmapäev** [kolʲmapæəʋ]
Thursday	**neljapäev** [neljapæəʋ]
Friday	**reede** [re:de]
Saturday	**laupäev** [laupæəʋ]
Sunday	**pühapäev** [pʉhapæəʋ]

Greetings. Introductions

Hello. | **Tere.**
[tere]

Pleased to meet you. | **Meeldiv kohtuda.**
[meːlʲdiʋ kohtuda]

Me too. | **Minul samuti.**
[minulʲ samuti]

I'd like you to meet … | **Saage tuttavaks, tema on …**
[saːge tuttaʋaks, tema on …]

Nice to meet you. | **Tore teiega kohtuda.**
[tore tejega kohtuda]

How are you? | **Kuidas käsi käib?**
[kuidas kæsi kæjb?]

My name is … | **Minu nimi on …**
[minu nimi on …]

His name is … | **Tema nimi on …**
[tema nimi on …]

Her name is … | **Tema nimi on …**
[tema nimi on …]

What's your name? | **Mis teie nimi on?**
[mis teje nimi on?]

What's his name? | **Mis tema nimi on?**
[mis tema nimi on?]

What's her name? | **Mis tema nimi on?**
[mis tema nimi on?]

What's your last name? | **Mis teie perekonnanimi on?**
[mis teje perekonnanimi on?]

You can call me … | **Te võite mind kutsuda …**
[te ʋɤite mint kutsuda …]

Where are you from? | **Kust te pärit olete?**
[kusʲt te pærit olete?]

I'm from … | **Ma elan …**
[ma elan …]

What do you do for a living? | **Kellena te töötate?**
[kelʲena te tøːtate?]

Who is this? | **Kes see on?**
[kes seː on?]

Who is he? | **Kes tema on?**
[kes tema on?]

Who is she? | **Kes tema on?**
[kes tema on?]

Who are they?	**Kes nemad on?** [kes nemat on?]
This is …	**Tema on …** [tema on …]
my friend (masc.)	**minu sõber** [minu sɜber]
my friend (fem.)	**minu sõbranna** [minu sɜbranna]
my husband	**minu mees** [minu meːs]
my wife	**minu naine** [minu naine]
my father	**minu isa** [minu isa]
my mother	**minu ema** [minu ema]
my brother	**minu vend** [minu ʋent]
my sister	**minu õde** [minu ɜde]
my son	**minu poeg** [minu poeg]
my daughter	**minu tütar** [minu tʉtar]
This is our son.	**Tema on meie poeg.** [tema on meje poeg]
This is our daughter.	**Tema on meie tütar.** [tema on meje tʉtar]
These are my children.	**Nemad on minu lapsed.** [nemat on minu lapsed]
These are our children.	**Nemad on meie lapsed.** [nemat on meje lapsed]

Farewells

Good bye!	**Hüvasti!** [hɐʋasʲti!]
Bye! (inform.)	**Tšao! Pakaa!** [tʃao! paka:!]
See you tomorrow.	**Homseni.** [homseni]
See you soon.	**Kohtumiseni.** [kohtumiseni]
See you at seven.	**Seitsme ajal näeme.** [sejtsme ajalʲ næeme]
Have fun!	**Veetke lõbusasti aega!** [ʋe:tke lɔbusasʲti aega!]
Talk to you later.	**Hiljem räägime.** [hiljem ræ:gime]
Have a nice weekend.	**Meeldivat nädalavahetust teile.** [me:lʲdiʋat nædalaʋahetusʲt tejle]
Good night.	**Head ööd.** [heat ø:d]
It's time for me to go.	**Ma pean lahkuma.** [ma pean lahkuma]
I have to go.	**Ma pean lahkuma.** [ma pean lahkuma]
I will be right back.	**Tulen kohe tagasi.** [tulen kohe tagasi]
It's late.	**Aeg on juba hiline.** [aeg on juba hiline]
I have to get up early.	**Pean hommikul vara tõusma.** [pean hommikulʲ ʋara tɔusma]
I'm leaving tomorrow.	**Ma lahkun homme.** [ma lahkun homme]
We're leaving tomorrow.	**Me lahkume homme.** [me lahkume homme]
Have a nice trip!	**Head reisi teile!** [heat rejsi tejle!]
It was nice meeting you.	**Oli meeldiv teiega kohtuda.** [oli me:lʲdiʋ tejega kohtuda]
It was nice talking to you.	**Oli meeldiv teiega suhelda.** [oli me:lʲdiʋ tejega suhelʲda]
Thanks for everything.	**Tänan kõige eest.** [tænan kɔige e:sʲt]

I had a very good time.

Veetsin teiega meeldivalt aega.
[ʋeːtsin tejega meːlʲdiʋalʲt aega]

We had a very good time.

Viitsime meeldivalt aega.
[ʋiːtsime meːlʲdiʋalʲt aega]

It was really great.

Kõik oli suurepärane.
[kɜik oli suːrepærane]

I'm going to miss you.

Ma hakkan teist puudust tundma.
[ma hakkan tejsʲt puːdusʲt tundma]

We're going to miss you.

Me hakkame teist puudust tundma.
[me hakkame tejsʲt puːdusʲt tundma]

Good luck!

Õnn kaasa!
[ɜnn kaːsa!]

Say hi to …

Tervitage …
[terʋitage …]

Foreign language

I don't understand.	**Ma ei saa aru.** [ma ej sa: aru]
Write it down, please.	**Palun kirjutage see üles.** [palun kirjutage se: üles]
Do you speak ...?	**Kas te räägite ...?** [kas te ræ:gite ...?]
I speak a little bit of ...	**Ma räägin natukene ... keelt** [ma ræ:gin natukene ... ke:l't]
English	**inglise** [inglise]
Turkish	**türgi** [türgi]
Arabic	**araabia** [ara:bia]
French	**prantsuse** [prantsuse]
German	**saksa** [saksa]
Italian	**itaalia** [ita:lia]
Spanish	**hispaania** [hispa:nia]
Portuguese	**portugali** [portugali]
Chinese	**hiina** [hi:na]
Japanese	**jaapani** [ja:pani]
Can you repeat that, please.	**Palun korrake seda.** [palun korrake seda]
I understand.	**Ma saan aru.** [ma sa:n aru]
I don't understand.	**Ma ei saa aru.** [ma ej sa: aru]
Please speak more slowly.	**Palun rääkige aeglasemalt.** [palun ræ:kige aeglasemal't]
Is that correct? (Am I saying it right?)	**Kas nii on õige?** [kas ni: on ɜige?]
What is this? (What does this mean?)	**Mis see on?** [mis se: on?]

Apologies

Excuse me, please.	**Palun vabandust.** [palun ʋabandusʲt]
I'm sorry.	**Vabandage.** [ʋabandage]
I'm really sorry.	**Mul on tõesti kahju.** [mulʲ on tʒesʲti kahju]
Sorry, it's my fault.	**Andestust, minu süü.** [andesʲtusʲt, minu sʉ:]
My mistake.	**Minu viga.** [minu ʋiga]

May I ...?	**Kas ma tohin ...?** [kas ma tohin ...?]
Do you mind if I ...?	**Ega teil midagi selle vastu ole,** **kui ma ...?** [ega tejlʲ midagi selʲe ʋasʲtu ole, kui ma ...?]
It's OK.	**Kõik on korras.** [kʒik on korras]
It's all right.	**Kõik on korras.** [kʒik on korras]
Don't worry about it.	**Ärge muretsege.** [ærge muretsege]

Agreement

Yes.	**Jah.** [jah]
Yes, sure.	**Jah, muidugi.** [jah, muidugi]
OK (Good!)	**Nõus! Hästi!** [nɜus! hæsʲti!]
Very well.	**Väga hästi.** [uæga hæsʲti]
Certainly!	**Kindlasti!** [kintlasʲti!]
I agree.	**Ma olen nõus.** [ma olen nɜus]
That's correct.	**Õige.** [ɜige]
That's right.	**Õigus.** [ɜigus]
You're right.	**Teil on õigus.** [tejlʲ on ɜigus]
I don't mind.	**Mina pole vastu.** [mina pole uasʲtu]
Absolutely right.	**Täiesti õigus.** [tæjesʲti ɜigus]
It's possible.	**See on võimalik.** [se: on uɜimalik]
That's a good idea.	**Hea mõte.** [hea mɜte]
I can't say no.	**Ma ei saa keelduda.** [ma ej sa: ke:lʲduda]
I'd be happy to.	**Mul oleks hea meel.** [mulʲ oleks hea me:l]
With pleasure.	**Hea meelega.** [hea me:lega]

Refusal. Expressing doubt

No.	**Ei.** [ej]
Certainly not.	**Kindlasti mitte.** [kintlasʲti mitte]
I don't agree.	**Ma ei ole nõus.** [ma ej ole nɜus]
I don't think so.	**Mina nii ei arva.** [mina niː ej arʋa]
It's not true.	**See ei ole tõsi.** [seː ej ole tɜsi]

You are wrong.	**Te eksite.** [te eksite]
I think you are wrong.	**Arva, et teil pole õigus.** [arʋa, et tejlʲ pole ɜigus]
I'm not sure.	**Ma ei ole kindel.** [ma ej ole kindel]

It's impossible.	**See ei ole võimalik.** [seː ej ole ʋɜimalik]
Nothing of the kind (sort)!	**Mitte midagi taolist!** [mitte midagi taolisʲt!]

The exact opposite.	**Otse vastupidi.** [otse ʋasʲtupidi]
I'm against it.	**Mina olen selle vastu.** [mina olen selʲe ʋasʲtu]
I don't care.	**Mul ükskõik.** [mulʲ ʉkskɜik]
I have no idea.	**Mul pole aimugi.** [mulʲ pole aimugi]
I doubt it.	**Kahtlen selles.** [kahtlen selʲes]

Sorry, I can't.	**Kahjuks ma ei saa.** [kahjuks ma ej saː]
Sorry, I don't want to.	**Vabandage, ma ei soovi.** [ʋabandage, ma ej soːʋi]

Thank you, but I don't need this.	**Tänan, aga ma ei taha seda.** [tænan, aga ma ej taha seda]
It's getting late.	**Aeg on hiline.** [aeg on hiline]

I have to get up early.

Pean hommikul vara tõusma.
[pean hommikulʲ ʋara tɜusma]

I don't feel well.

Mul on halb olla.
[mulʲ on halʲb olʲæ]

Expressing gratitude

Thank you.	**Aitäh.**
	[aitæh]
Thank you very much.	**Suur tänu teile.**
	[su:r tænu tejle]
I really appreciate it.	**Olen teile selle eest tõesti tänulik.**
	[olen tejle selⁱe e:sⁱt tɜesⁱti tænulik]
I'm really grateful to you.	**Ma olen teile tõesti väga tänulik.**
	[ma olen tejle tɜesⁱti ʋæga tænulik]
We are really grateful to you.	**Me oleme teile tõesti väga tänulikud.**
	[me oleme tejle tɜesⁱti ʋæga tænulikud]

Thank you for your time.	**Tänan, et leidsite minu jaoks aega.**
	[tænan, et lejdsite minu jaoks aega]
Thanks for everything.	**Tänan kõige eest.**
	[tænan kɜige e:sⁱt]
Thank you for ...	**Tänan teid ...**
	[tænan tejt ...]
your help	**abi eest**
	[abi e:sⁱt]
a nice time	**meeldiva aja eest**
	[me:lⁱdiʋa aja e:sⁱt]

a wonderful meal	**suurepärase eine eest**
	[su:repærase ejne e:sⁱt]
a pleasant evening	**meeldiva õhtu eest**
	[me:lⁱdiʋa ɜhtu e:sⁱt]
a wonderful day	**suurepärase päeva eest**
	[su:repærase pæeʋa e:sⁱt]
an amazing journey	**hämmastava reisi eest**
	[hæmmasⁱtaʋa rejsi e:sⁱt]

Don't mention it.	**Pole tänu väärt.**
	[pole tænu ʋæ:rt]
You are welcome.	**Pole tänu väärt.**
	[pole tænu ʋæ:rt]
Any time.	**Igal ajal.**
	[igalⁱ ajal]
My pleasure.	**Mul oli hea meel aidata.**
	[mulⁱ oli hea me:lⁱ aidata]
Forget it.	**Unustage see. Kõik on korras.**
	[unusⁱtage se:. kɜik on korras]
Don't worry about it.	**Ärge muretsege.**
	[ærge muretsege]

Congratulations. Best wishes

Congratulations!
Õnnitleme!
[ɜnnitleme!]

Happy birthday!
Palju õnne sünnipäevaks!
[palju ɜnne sɵnnipæəʋaks!]

Merry Christmas!
Häid jõule!
[hæjt jɜule!]

Happy New Year!
Head uut aastat!
[heat u:t a:sʲtat!]

Happy Easter!
Head ülestõusmispüha!
[heat ɵlesʲtɜusmispɵha!]

Happy Hanukkah!
Head Hannukad!
[heat hannukad!]

I'd like to propose a toast.
Lubage mul öelda toost.
[lubage mulʲ øelʲda to:sʲt]

Cheers!
Proosit!
[pro:sit!]

Let's drink to …!
Võtame …!
[ʋɜtame …!]

To our success!
Meie edu terviseks!
[meje edu terʋiseks!]

To your success!
Teie edu terviseks!
[teje edu terʋiseks!]

Good luck!
Õnn kaasa!
[ɜnn ka:sa!]

Have a nice day!
Ilusat päeva teile!
[ilusat pæəʋa tejle!]

Have a good holiday!
Puhake kenasti!
[puhake kenasʲti!]

Have a safe journey!
Head reisi teile!
[heat rejsi tejle!]

I hope you get better soon!
Head paranemist!
[heat paranemisʲt!]

Socializing

Why are you sad?	**Miks te kurb olete?** [miks te kurb olete?]
Smile! Cheer up!	**Naeratage! Pea püsti!** [naeratage! pea pʉsʲti!]
Are you free tonight?	**Kas te olete täna õhtul vaba?** [kas te olete tæna ɜhtulʲ ʋaba?]

May I offer you a drink?	**Kas tohin teile jooki pakkuda?** [kas tohin tejle joːki pakkuda?]
Would you like to dance?	**Kas sooviksite tantsida?** [kas soːʋiksite tantsida?]
Let's go to the movies.	**Ehk läheksime kinno.** [ehk lʲæheksime kinno]

May I invite you to ...?	**Kas tohin teid kutsuda ...?** [kas tohin tejt kutsuda ...?]
a restaurant	**restorani** [resʲtorani]
the movies	**kinno** [kinno]
the theater	**teatrisse** [teatrise]
go for a walk	**jalutama** [jalutama]

At what time?	**Mis ajal?** [mis ajal?]
tonight	**täna õhtul** [tæna ɜhtulʲ]
at six	**kell kuus** [kelʲ kuːs]
at seven	**kell seitse** [kelʲ sejtse]
at eight	**kell kaheksa** [kelʲ kaheksa]
at nine	**kell üheksa** [kelʲ ʉheksa]

Do you like it here?	**Kas teile meeldib siin olla?** [kas tejle meːlʲdib siːn olʲæ?]
Are you here with someone?	**Kas te olete siin kellegagi koos?** [kas te olete siːn kelʲegagi koːs?]
I'm with my friend.	**Olen koos sõbraga.** [olen koːs sɜbraga]

I'm with my friends.

Olen koos sõpradega.
[olen ko:s sɜpradega]

No, I'm alone.

Ei, ma olen üksik.
[ej, ma olen ʉksik]

Do you have a boyfriend?

Kas sul on sõber olemas?
[kas sulʲ on sɜber olemas?]

I have a boyfriend.

Mul on sõber.
[mulʲ on sɜber]

Do you have a girlfriend?

Kas sul on sõbranna olemas?
[kas sulʲ on sɜbranna olemas?]

I have a girlfriend.

Mul on sõbranna olemas.
[mulʲ on sɜbranna olemas]

Can I see you again?

Kas me kohtume veel?
[kas me kohtume ʋe:l?]

Can I call you?

Kas tohin sulle helistada?
[kas tohin sulʲe helisʲtada?]

Call me. (Give me a call.)

Helista mulle.
[helisʲta mulʲe]

What's your number?

Ütle mulle oma telefoninumber?
[ʉtle mulʲe oma telefoninumber?]

I miss you.

Igatsen su järele.
[igatsen su jærele]

You have a beautiful name.

Teil on ilus nimi.
[tejlʲ on ilus nimi]

I love you.

Ma armastan teid.
[ma armasʲtan tejd]

Will you marry me?

Kas abiellute minuga?
[kas abielʲute minuga?]

You're kidding!

Nalja teete!
[nalja te:te!]

I'm just kidding.

Lihtsalt teen nalja.
[lihtsalʲt te:n nalja]

Are you serious?

Kas te mõtlete seda tõsiselt?
[kas te mɜtlete seda tɜsiselʲt?]

I'm serious.

Jah, ma olen tõsine.
[jah, ma olen tɜsine]

Really?!

Tõesti?!
[tɜesʲti?!]

It's unbelievable!

See on uskumatu!
[se: on uskumatu!]

I don't believe you.

Ma ei usu teid.
[ma ej usu tejd]

I can't.

Ma ei saa.
[ma ej sa:]

I don't know.

Ma ei tea.
[ma ej tea]

I don't understand you.

Ma ei saa teist aru.
[ma ej sa: tejsʲt aru]

Please go away.	**Palun lahkuge.** [palun lahkuge]
Leave me alone!	**Jätke mind üksi!** [jætke mint uksi!]

I can't stand him.	**Ma ei talu teda.** [ma ej talu teda]
You are disgusting!	**Te olete vastik!** [te olete vasˈtik!]
I'll call the police!	**Ma kutsun politsei!** [ma kutsun politsej!]

Sharing impressions. Emotions

I like it.
See meeldib mulle.
[se: meːlʲdib mulʲe]

Very nice.
Väga kena.
[ʋæga kena]

That's great!
See on suurepärane!
[se: on suːrepærane!]

It's not bad.
See ei ole halb.
[se: ej ole halʲb]

I don't like it.
See ei meeldi mulle.
[se: ej meːlʲdi mulʲe]

It's not good.
See ei ole hea.
[se: ej ole hea]

It's bad.
See on halb.
[se: on halʲb]

It's very bad.
See on väga halb.
[se: on ʋæga halʲb]

It's disgusting.
See on eemaletõukav.
[se: on eːmaletʒukaʋ]

I'm happy.
Ma olen õnnelik.
[ma olen ʒnnelik]

I'm content.
Ma olen rahul.
[ma olen rahul]

I'm in love.
Ma olen armunud.
[ma olen armunud]

I'm calm.
Ma olen rahulik.
[ma olen rahulik]

I'm bored.
Ma olen tüdinud.
[ma olen tʉdinud]

I'm tired.
Ma olen väsinud.
[ma olen ʋæsinud]

I'm sad.
Ma olen kurb.
[ma olen kurb]

I'm frightened.
Ma olen hirmul.
[ma olen hirmul]

I'm angry.
Ma olen vihane.
[ma olen ʋihane]

I'm worried.
Ma olen mures.
[ma olen mures]

I'm nervous.
Ma olen närvis.
[ma olen nærʋis]

I'm jealous. (envious)

Ma olen kade.
[ma olen kade]

I'm surprised.

Ma olen üllatunud.
[ma olen ülʲætunud]

I'm perplexed.

Ma olen segaduses.
[ma olen segaduses]

Problems. Accidents

I've got a problem. | **Ma vajan teie abi.**
[ma vajan teje abi]

We've got a problem. | **Me vajame teie abi.**
[me vajame teje abi]

I'm lost. | **Ma olen ära eksinud.**
[ma olen æra eksinud]

I missed the last bus (train). | **Ma jäin viimasest bussist (rongist) maha.**
[ma jæjn viːmasest bussist (rongist) maha]

I don't have any money left. | **Mul on raha päris otsas.**
[mulʲ on raha pæris otsas]

I've lost my ... | **Ma kaotasin oma ...**
[ma kaotasin oma ...]

Someone stole my ... | **Keegi varastas mu ...**
[keːgi varastas mu ...]

passport | **passi**
[pasi]

wallet | **rahakoti**
[rahakoti]

papers | **dokumendid**
[dokumendit]

ticket | **pileti**
[pileti]

money | **raha**
[raha]

handbag | **käekoti**
[kæəkoti]

camera | **fotoaparaadi**
[fotoaparaːdi]

laptop | **sülearvuti**
[sulearvuti]

tablet computer | **tahvelarvuti**
[tahvelarvuti]

mobile phone | **mobiiltelefoni**
[mobiːlʲtelefoni]

Help me! | **Appi! Aidake!**
[appi! aidake!]

What's happened? | **Mis juhtus?**
[mis juhtus?]

fire	**tulekahju** [tulekahju]
shooting	**tulistamine** [tulisʲtamine]
murder	**tapmine** [tapmine]
explosion	**plahvatus** [plahʋatus]
fight	**kaklus** [kaklus]

Call the police!	**Kutsuge politsei!** [kutsuge politsej!]
Please hurry up!	**Palun kiirustage!** [palun kiːrusʲtage!]
I'm looking for the police station.	**Ma otsin politseijaoskonda.** [ma otsin politsejjaoskonda]
I need to make a call.	**Mul on vaja helistada.** [mulʲ on ʋaja helisʲtada]
May I use your phone?	**Kas ma tohin helistada?** [kas ma tohin helisʲtada?]

I've been ...	**Mind ...** [mint ...]
mugged	**rööviti** [røːʋiti]
robbed	**riisuti paljaks** [riːsuti paljaks]
raped	**vägistati** [ʋægisʲtati]
attacked (beaten up)	**peksti läbi** [peksʲti lʲæbi]

Are you all right?	**Kas teiega on kõik korras?** [kas tejega on kɜik korras?]
Did you see who it was?	**Kas te nägite, kes see oli?** [kas te nægite, kes seː oli?]
Would you be able to recognize the person?	**Kas te tunneksite ta ära?** [kas te tunneksite ta æra?]
Are you sure?	**Kas olete kindel?** [kas olete kindel?]

Please calm down.	**Palun rahunege maha.** [palun rahunege maha]
Take it easy!	**Võtke asja rahulikult!** [ʋɜtke asja rahulikulʲt!]
Don't worry!	**Ärge muretsege!** [ærge muretsege!]
Everything will be fine.	**Kõik saab korda.** [kɜik saːb korda]
Everything's all right.	**Kõik on korras.** [kɜik on korras]

Come here, please.

Palun tulge siia.
[palun tulʲge si:a]

I have some questions for you.

Mul on teile mõned küsimused.
[mulʲ on tejle mɜnet kʉsimused]

Wait a moment, please.

Palun oodake.
[palun o:dake]

Do you have any I.D.?

Kas teil on mõni isikut tõendav dokument?
[kas tejlʲ on mɜni isikut tɜendau dokument?]

Thanks. You can leave now.

Tänan. Võite lahkuda.
[tænan. ʋɜite lahkuda]

Hands behind your head!

Käed kuklale!
[kæət kuklale!]

You're under arrest!

Te olete kinni peetud!
[te olete kinni pe:tud!]

Health problems

Please help me.	**Palun aidake mind.** [palun aidake mind]
I don't feel well.	**Mul on halb olla.** [mulʲ on halʲb olʲæ]
My husband doesn't feel well.	**Mu mehel on halb olla.** [mu mehelʲ on halʲb olʲæ]
My son ...	**Mu pojal ...** [mu pojalʲ ...]
My father ...	**Mu isal ...** [mu isalʲ ...]

My wife doesn't feel well.	**Mu naisel on halb olla.** [mu naiselʲ on halʲb olʲæ]
My daughter ...	**Mu tütrel ...** [mu tʉtrelʲ ...]
My mother ...	**Mu emal ...** [mu emalʲ ...]

I've got a ...	**Mul on ...** [mulʲ on ...]
headache	**peavalu** [peavalu]
sore throat	**kurk külma saanud** [kurk kʉlʲma sa:nut]
stomach ache	**kõhuvalu** [kɜhuvalu]
toothache	**hambavalu** [hambavalu]

I feel dizzy.	**Mul käib pea ringi.** [mulʲ kæjb pea ringi]
He has a fever.	**Tal on palavik.** [talʲ on palavik]
She has a fever.	**Tal on palavik.** [talʲ on palavik]
I can't breathe.	**Ma ei saa hingata.** [ma ej sa: hingata]

I'm short of breath.	**Mul jääb hing kinni.** [mulʲ jæ:b hing kinni]
I am asthmatic.	**Ma olen astmaatik.** [ma olen asʲtma:tik]
I am diabetic.	**Ma olen diabeetik.** [ma olen diabe:tik]

I can't sleep. **Ma ei saa magada.**
[ma ej sa: magada]

food poisoning **toidumürgitus**
[tojdumʉrgitus]

It hurts here. **Siit valutab.**
[si:t ʋalutab]

Help me! **Appi! Aidake!**
[appi! aidake!]

I am here! **Ma olen siin!**
[ma olen si:n!]

We are here! **Me oleme siin!**
[me oleme si:n!]

Get me out of here! **Päästke mind siit välja!**
[pæ:sˈtke mint si:t ʋælja!]

I need a doctor. **Mul on arsti vaja.**
[mulʲ on arsˈti ʋaja]

I can't move. **Ma ei saa ennast liigutada.**
[ma ej sa: ennasˈt li:gutada]

I can't move my legs. **Ma ei saa oma jalgu liigutada.**
[ma ej sa: oma jalʲgu li:gutada]

I have a wound. **Ma olen haavatud.**
[ma olen ha:ʋatud]

Is it serious? **Kas see on kardetav?**
[kas se: on kardetaʋ?]

My documents are in my pocket. **Minu dokumendid on mu taskus.**
[minu dokumendit on mu taskus]

Calm down! **Rahunege maha!**
[rahunege maha!]

May I use your phone? **Kas ma tohin helistada?**
[kas ma tohin helisˈtada?]

Call an ambulance! **Kutsuge kiirabi!**
[kutsuge ki:rabi!]

It's urgent! **See on kiireloomuline!**
[se: on ki:relo:muline!]

It's an emergency! **See on hädaolukord!**
[se: on hædaolukord!]

Please hurry up! **Palun kiirustage!**
[palun ki:rusˈtage!]

Would you please call a doctor? **Palun kutsuge arst?**
[palun kutsuge arsˈt?]

Where is the hospital? **Palun öelge, kus asub haigla?**
[palun øelʲge, kus asub haigla?]

How are you feeling? **Kuidas te ennast tunnete?**
[kuidas te ennasˈt tunnete?]

Are you all right? **Kas teiega on kõik korras?**
[kas tejega on kɜik korras?]

What's happened? **Mis juhtus?**
[mis juhtus?]

I feel better now.

Ma tunnen ennast nüüd paremini.
[ma tunnen ennasʲt nɐ:t paremini]

It's OK.

Kõik on korras.
[kɜik on korras]

It's all right.

Kõik on hästi.
[kɜik on hæsʲti]

At the pharmacy

pharmacy (drugstore)	**apteek** [apte:k]
24-hour pharmacy	**ööpäevaringselt avatud apteek** [ø:pæəvaringselʲt avatud apte:k]
Where is the closest pharmacy?	**Kus asub lähim apteek?** [kus asub lʲæhim apte:k?]
Is it open now?	**Kas see on praegu avatud?** [kas se: on praegu avatud?]
At what time does it open?	**Mis kell see avatakse?** [mis kelʲ se: avatakse?]
At what time does it close?	**Mis kell see suletakse?** [mis kelʲ se: suletakse?]
Is it far?	**Kas see on kaugel?** [kas se: on kaugel?]
Can I get there on foot?	**Kas ma saan sinna jalgsi minna?** [kas ma sa:n sinna jalʲgsi minna?]
Can you show me on the map?	**Palun näidake mulle seda kaardil.** [palun næjdake mulʲe seda ka:rdil]
Please give me something for ...	**Palun andke mulle midagi, mis aitaks ...** [palun andke mulʲe midagi, mis aitaks ...]
a headache	**peavalu vastu** [peavalu vasʲtu]
a cough	**köha vastu** [køha vasʲtu]
a cold	**külmetuse vastu** [kʉlʲmetuse vasʲtu]
the flu	**gripi vastu** [gripi vasʲtu]
a fever	**palaviku vastu** [palaviku vasʲtu]
a stomach ache	**kõhuvalude vastu** [kɜhuvalude vasʲtu]
nausea	**iivelduse vastu** [i:velʲduse vasʲtu]
diarrhea	**kõhulahtisuse vastu** [kɜhulahtisuse vasʲtu]
constipation	**kõhukinnisuse vastu** [kɜhukinnisuse vasʲtu]

pain in the back	**seljavalu vastu** [seljavalu vasʲtu]
chest pain	**rinnavalu vastu** [rinnavalu vasʲtu]
side stitch	**pistete vastu küljes** [pisʲtete vasʲtu kɛljes]
abdominal pain	**valude vastu kõhus** [valude vasʲtu kɜhus]

pill	**tablett** [tablett]
ointment, cream	**salv, kreem** [salʲv, kreːm]
syrup	**siirup** [siːrup]
spray	**sprei** [sprej]
drops	**tilgad** [tilʲgat]

You need to go to the hospital.	**Te peate haiglasse minema.** [te peate haiglase minema]
health insurance	**ravikindlustus** [ravikintlusʲtus]
prescription	**retseptiga** [retseptiga]
insect repellant	**putukatõrjevahend** [putukatɜrjevahent]
Band Aid	**plaaster** [plaːsʲter]

The bare minimum

Excuse me, …
Vabandage, …
[vabandage, …]

Hello.
Tere.
[tere]

Thank you.
Aitäh.
[aitæh]

Good bye.
Nägemist.
[nægemisʲt]

Yes.
Jah.
[jah]

No.
Ei.
[ej]

I don't know.
Ma ei tea.
[ma ej tea]

Where? | Where to? | When?
Kus? | Kuhu? | Millal?
[kus? | kuhu? | milʲæl?]

I need …
Mul on … vaja
[mulʲ on … vaja]

I want …
Ma tahan …
[ma tahan …]

Do you have …?
Kas teil on … ?
[kas tejlʲ on … ?]

Is there a … here?
Kas siin on kusagil … ?
[kas si:n on kusagilʲ … ?]

May I …?
Kas ma tohin …?
[kas ma tohin …?]

…, please (polite request)
Palun, …
[palun, …]

I'm looking for …
Ma otsin …
[ma otsin …]

restroom
tualetti
[tualetti]

ATM
pangaautomaati
[panga:utoma:ti]

pharmacy (drugstore)
apteeki
[apte:ki]

hospital
haiglat
[haiglat]

police station
politseijaoskonda
[politsejjaoskonda]

subway
metroojaama
[metro:ja:ma]

taxi	**taksot** [taksot]
train station	**raudteejaama** [raudteːjaːma]

My name is ...	**Minu nimi on ...** [minu nimi on ...]
What's your name?	**Mis teie nimi on?** [mis teje nimi on?]
Could you please help me?	**Palun aidake mind.** [palun aidake mind]
I've got a problem.	**Ma vajan teie abi.** [ma ʋajan teje abi]
I don't feel well.	**Mul on halb olla.** [mulʲ on halʲb olʲæ]
Call an ambulance!	**Kutsuge kiirabi!** [kutsuge kiːrabi!]
May I make a call?	**Kas ma tohin helistada?** [kas ma tohin helisʲtada?]

I'm sorry.	**Vabandage.** [ʋabandage]
You're welcome.	**Tänan.** [tænan]

I, me	**mina, ma** [mina, ma]
you (inform.)	**sina, sa** [sina, sa]
he	**tema, ta** [tema, ta]
she	**tema, ta** [tema, ta]
they (masc.)	**nemad, nad** [nemad, nat]
they (fem.)	**nemad, nad** [nemad, nat]
we	**meie, me** [meje, me]
you (pl)	**teie, te** [teje, te]
you (sg, form.)	**teie** [teje]

ENTRANCE	**SISSEPÄÄS** [sissepæːs]
EXIT	**VÄLJAPÄÄS** [ʋæljapæːs]
OUT OF ORDER	**EI TÖÖTA** [ej tøːta]
CLOSED	**SULETUD** [suletut]

OPEN **AVATUD**
[avatut]

FOR WOMEN **NAISTE**
[naisʲte]

FOR MEN **MEESTE**
[me:sʲte]

CONCISE
DICTIONARY

This section contains more
than 1,500 useful words
arranged alphabetically.
The dictionary includes a lot
of gastronomic terms and
will be helpful when ordering
food at a restaurant or buying
groceries

T&P Books Publishing

DICTIONARY CONTENTS

T&P Books Publishing

time	**aeg**	[aeg]
hour	**tund**	[tunt]
half an hour	**pool tundi**	[po:lʲ tundi]
minute	**minut**	[minut]
second	**sekund**	[sekunt]
today (adv)	**täna**	[tæna]
tomorrow (adv)	**homme**	[homme]
yesterday (adv)	**eile**	[ejle]
Monday	**esmaspäev**	[esmaspæəʊ]
Tuesday	**teisipäev**	[tejsipæəʊ]
Wednesday	**kolmapäev**	[kolʲmapæəʊ]
Thursday	**neljapäev**	[neljapæəʊ]
Friday	**reede**	[re:de]
Saturday	**laupäev**	[laupæəʊ]
Sunday	**pühapäev**	[pʉhapæəʊ]
day	**päev**	[pæəʊ]
working day	**tööpäev**	[tø:pæəʊ]
public holiday	**pidupäev**	[pidupæəʊ]
weekend	**nädalavahetus**	[nædalaʊahetus]
week	**nädal**	[nædalʲ]
last week (adv)	**möödunud nädalal**	[mø:dunut nædalalʲ]
next week (adv)	**järgmisel nädalal**	[jærgmiselʲ nædalalʲ]
sunrise	**päikesetõus**	[pæjkesetɜus]
sunset	**loojang**	[lo:jang]
in the morning	**hommikul**	[hommikulʲ]
in the afternoon	**pärast lõunat**	[pærasʲt lɜunat]
in the evening	**õhtul**	[ɜhtulʲ]
tonight (this evening)	**täna õhtul**	[tæna ɜhtulʲ]
at night	**öösel**	[ø:selʲ]
midnight	**kesköö**	[keskø:]
January	**jaanuar**	[ja:nuar]
February	**veebruar**	[ʊe:bruar]
March	**märts**	[mærts]
April	**aprill**	[aprilʲ]
May	**mai**	[mai]
June	**juuni**	[ju:ni]

July	**juuli**	[ju:li]
August	**august**	[augusʲt]
September	**september**	[september]
October	**oktoober**	[okto:ber]
November	**november**	[noʋember]
December	**detsember**	[detsember]
in spring	**kevadel**	[keʋadelʲ]
in summer	**suvel**	[suʋelʲ]
in fall	**sügisel**	[sʉgiselʲ]
in winter	**talvel**	[talʲʋelʲ]
month	**kuu**	[ku:]
season (summer, etc.)	**hooaeg**	[ho:aeg]
year	**aasta**	[a:sʲta]
century	**sajand**	[sajant]

2. Numbers. Numerals

digit, figure	**number**	[number]
number	**arv**	[arʋ]
minus sign	**miinus**	[mi:nus]
plus sign	**pluss**	[pluss]
sum, total	**summa**	[summa]
first (adj)	**esimene**	[esimene]
second (adj)	**teine**	[tejne]
third (adj)	**kolmas**	[kolʲmas]
0 zero	**null**	[nulʲ]
1 one	**üks**	[ʉks]
2 two	**kaks**	[kaks]
3 three	**kolm**	[kolʲm]
4 four	**neli**	[neli]
5 five	**viis**	[ʋi:s]
6 six	**kuus**	[ku:s]
7 seven	**seitse**	[sejtse]
8 eight	**kaheksa**	[kaheksa]
9 nine	**üheksa**	[ʉheksa]
10 ten	**kümme**	[kʉmme]
11 eleven	**üksteist**	[ʉksʲtejsʲt]
12 twelve	**kaksteist**	[kaksʲtejsʲt]
13 thirteen	**kolmteist**	[kolʲmtejsʲt]
14 fourteen	**neliteist**	[nelitejsʲt]
15 fifteen	**viisteist**	[ʋi:sʲtejsʲt]
16 sixteen	**kuusteist**	[ku:sʲtejsʲt]
17 seventeen	**seitseteist**	[sejtsetejsʲt]

| 18 eighteen | kaheksateist | [kaheksatejsʲt] |
| 19 nineteen | üheksateist | [ʉheksatejsʲt] |

20 twenty	kakskümmend	[kakskʉmment]
30 thirty	kolmkümmend	[kolʲmkʉmment]
40 forty	nelikümmend	[nelikʉmment]
50 fifty	viiskümmend	[ʋiːskʉmment]

60 sixty	kuuskümmend	[kuːskʉmment]
70 seventy	seitsekümmend	[sejtsekʉmment]
80 eighty	kaheksakümmend	[kaheksakʉmment]
90 ninety	üheksakümmend	[ʉheksakʉmment]

100 one hundred	sada	[sada]
200 two hundred	kakssada	[kakssada]
300 three hundred	kolmsada	[kolʲmsada]
400 four hundred	nelisada	[nelisada]
500 five hundred	viissada	[ʋiːssada]

600 six hundred	kuussada	[kuːssada]
700 seven hundred	seitsesada	[sejtsesada]
800 eight hundred	kaheksasada	[kaheksasada]
900 nine hundred	üheksasada	[ʉheksasada]
1000 one thousand	tuhat	[tuhat]

| 10000 ten thousand | kümme tuhat | [kʉmme tuhat] |
| one hundred thousand | sada tuhat | [sada tuhat] |

| million | miljon | [miljon] |
| billion | miljard | [miljart] |

3. Humans. Family

man (adult male)	mees	[meːs]
young man	noormees	[noːrmeːs]
teenager	nooruk	[noːruk]
woman	naine	[naine]
girl (young woman)	tütarlaps	[tʉtarlaps]

age	vanus	[ʋanus]
adult (adj)	täiskasvanud	[tæjskasʋanut]
middle-aged (adj)	keskealine	[keskealine]
elderly (adj)	eakas	[eakas]
old (adj)	vana	[ʋana]

old man	vanamees	[ʋanameːs]
old woman	vanaeit	[ʋanaejt]
retirement	pension	[pension]
to retire (from job)	pensionile minema	[pensionile minema]
retiree	pensionär	[pensionær]

mother	ema	[ema]
father	isa	[isa]
son	poeg	[poeg]
daughter	tütar	[tʉtar]
brother	vend	[ʋent]
elder brother	vanem vend	[ʋanem ʋent]
younger brother	noorem vend	[noːrem ʋent]
sister	õde	[ɜde]
elder sister	vanem õde	[ʋanem ɜde]
younger sister	noorem õde	[noːrem ɜde]

parents	vanemad	[ʋanemat]
child	laps	[laps]
children	lapsed	[lapset]
stepmother	võõrasema	[ʋɜːrasema]
stepfather	võõrasisa	[ʋɜːrasisa]

grandmother	vanaema	[ʋanaema]
grandfather	vanaisa	[ʋanaisa]
grandson	lapselaps	[lapselaps]
granddaughter	lapselaps	[lapselaps]
grandchildren	lapselapsed	[lapselapset]
uncle	onu	[onu]
aunt	tädi	[tædi]
nephew	vennapoeg	[ʋennapoeg]
niece	vennatütar	[ʋennatʉtar]

wife	naine	[naine]
husband	mees	[meːs]
married (masc.)	abielus	[abielus]
married (fem.)	abielus	[abielus]
widow	lesk	[lesk]
widower	lesk	[lesk]

| name (first name) | eesnimi | [eːsnimi] |
| surname (last name) | perekonnnimi | [perekonnnimi] |

relative	sugulane	[sugulane]
friend (masc.)	sõber	[sɜber]
friendship	sõprus	[sɜprus]

partner	partner	[partner]
superior (n)	ülemus	[ʉlemus]
colleague	kolleeg	[kolʲeːg]
neighbors	naabrid	[naːbrit]

4. Human body

| organism (body) | organism | [organism] |
| body | keha | [keha] |

heart	süda	[sʉda]
blood	veri	[ʋeri]
brain	aju	[aju]
nerve	närv	[næerʋ]

bone	luu	[luː]
skeleton	luukere	[luːkere]
spine (backbone)	selgroog	[selʲgroːg]
rib	roie	[roje]
skull	pealuu	[pealuː]

muscle	lihas	[lihas]
lungs	kops	[kops]
skin	nahk	[nahk]

head	pea	[pea]
face	nägu	[nægu]
nose	nina	[nina]
forehead	laup	[laup]
cheek	põsk	[pɜsk]

mouth	suu	[suː]
tongue	keel	[keːlʲ]
tooth	hammas	[hammas]
lips	huuled	[huːlet]
chin	lõug	[lɜug]

ear	kõrv	[kɜrʋ]
neck	kael	[kaelʲ]
throat	kõri	[kɜri]

eye	silm	[silʲm]
pupil	silmatera	[silʲmatera]
eyebrow	kulm	[kulʲm]
eyelash	ripse	[ripse]

hair	juuksed	[juːkset]
hairstyle	soeng	[soeng]
mustache	vuntsid	[ʋuntsit]
beard	habe	[habe]
to have (a beard, etc.)	kandma	[kandma]
bald (adj)	kiilas	[kiːlas]

hand	käelaba	[kæeəlaba]
arm	käsi	[kæsi]
finger	sõrm	[sɜrm]
nail	küüs	[kʉːs]
palm	peopesa	[peopesa]

shoulder	õlg	[ɜlʲg]
leg	säär	[sæːr]
foot	jalalaba	[jalalaba]

| knee | põlv | [pɜlʲʊ] |
| heel | kand | [kant] |

back	selg	[selʲg]
waist	talje	[talje]
beauty mark	sünnimärk	[sʉnnimærk]
birthmark (café au lait spot)	sünnimärk	[sʉnnimærk]

5. Medicine. Diseases. Drugs

health	tervis	[terʋis]
well (not sick)	terve	[terʋe]
sickness	haigus	[haigus]
to be sick	haige olema	[haige olema]
ill, sick (adj)	haige	[haige]

cold (illness)	külmetus	[kʉlʲmetus]
to catch a cold	külmetuma	[kʉlʲmetuma]
tonsillitis	angiin	[angi:n]
pneumonia	kopsupõletik	[kopsupɜletik]
flu, influenza	gripp	[gripp]

runny nose (coryza)	nohu	[nohu]
cough	köha	[køha]
to cough (vi)	köhima	[køhima]
to sneeze (vi)	aevastama	[aeʋasʲtama]

stroke	insult	[insulʲt]
heart attack	infarkt	[infarkt]
allergy	allergia	[alʲergia]
asthma	astma	[asʲtma]
diabetes	diabeet	[diabe:t]

tumor	kasvaja	[kasʋaja]
cancer	vähk	[ʋæhk]
alcoholism	alkoholism	[alʲkoholism]
AIDS	AIDS	[aids]
fever	palavik	[palaʋik]
seasickness	merehaigus	[merehaigus]

bruise (hématome)	sinikas	[sinikas]
bump (lump)	muhk	[muhk]
to limp (vi)	lonkama	[lonkama]
dislocation	nihestus	[nihesʲtus]
to dislocate (vt)	nihestama	[nihesʲtama]

fracture	luumurd	[lu:murt]
burn (injury)	põletushaav	[pɜletusha:ʋ]
injury	vigastus	[ʋigasʲtus]

| pain, ache | valu | [ʋalu] |
| toothache | hambavalu | [hambaʋalu] |

to sweat (perspire)	higistama	[higisᵗtama]
deaf (adj)	kurt	[kurt]
mute (adj)	tumm	[tumm]

immunity	immuniteet	[immunite:t]
virus	viirus	[ʋi:rus]
microbe	mikroob	[mikro:b]
bacterium	bakter	[bakter]
infection	nakkus	[nakkus]

hospital	haigla	[haigla]
cure	iseravimine	[iseraʋimine]
to vaccinate (vt)	vaktsineerima	[ʋaktsine:rima]
to be in a coma	koomas olema	[ko:mas olema]
intensive care	reanimatsioon	[reanimatsio:n]
symptom	sümptom	[sɯmptom]
pulse	pulss	[pulᶦss]

6. Feelings. Emotions. Conversation

I, me	mina	[mina]
you	sina	[sina]
he	tema	[tema]
she	tema	[tema]
it	see	[se:]

we	meie	[meje]
you (to a group)	teie	[teje]
they	nemad	[nemat]

Hello! (fam.)	Tere!	[tere!]
Hello! (form.)	Tere!	[tere!]
Good morning!	Tere hommikust!	[tere hommikusᵗt!]
Good afternoon!	Tere päevast!	[tere pæeʋasᵗt!]
Good evening!	Tere õhtust!	[tere ɜhtusᶦt!]

to say hello	teretama	[teretama]
to greet (vt)	tervitama	[terʋitama]
How are you?	Kuidas läheb?	[kuidas lᶦæheb?]
Bye-Bye! Goodbye!	Nägemist!	[næəgemisᶦt!]
Thank you!	Aitäh!	[aitæh!]

feelings	tunded	[tundet]
to be hungry	süüa tahtma	[sɯ:a tahtma]
to be thirsty	juua tahtma	[ju:a tahtma]
tired (adj)	väsinud	[ʋæsinut]
to be worried	muretsema	[muretsema]

to be nervous	närveerima	[nærʋe:rima]
hope	lootus	[lo:tus]
to hope (vi, vt)	lootma	[lo:tma]

character	iseloom	[iselo:m]
modest (adj)	tagasihoidlik	[tagasihojtlik]
lazy (adj)	laisk	[laisk]
generous (adj)	helde	[helʲde]
talented (adj)	andekas	[andekas]

honest (adj)	aus	[aus]
serious (adj)	tõsine	[tɜsine]
shy, timid (adj)	kartlik	[kartlik]
sincere (adj)	siiras	[si:ras]
coward	argpüks	[argpʉks]

to sleep (vi)	magama	[magama]
dream	unenägu	[unenægu]
bed	voodi	[ʋo:di]
pillow	padi	[padi]

insomnia	unetus	[unetus]
to go to bed	magama minema	[magama minema]
nightmare	õudusunenägu	[ʒudusunenægu]
alarm clock	äratuskell	[æratuskelʲ]

smile	naeratus	[naeratus]
to smile (vi)	naeratama	[naeratama]
to laugh (vi)	naerma	[naerma]

quarrel	tüli	[tʉli]
insult	solvamine	[solʲʋamine]
resentment	solvumine	[solʲʋumine]
angry (mad)	vihane	[ʋihane]

7. Clothing. Personal accessories

clothes	riided	[ri.det]
coat (overcoat)	mantel	[mantelʲ]
fur coat	kasukas	[kasukas]
jacket (e.g., leather ~)	jope	[jope]
raincoat (trenchcoat, etc.)	vihmamantel	[ʋihmamantelʲ]

shirt (button shirt)	särk	[særk]
pants	püksid	[pʉksit]
suit jacket	pintsak	[pintsak]
suit	ülikond	[ʉlikont]

| dress (frock) | kleit | [klejt] |
| skirt | seelik | [se:lik] |

T-shirt	T-särk	[t-særk]
bathrobe	hommikumantel	[hommikumantelʲ]
pajamas	pidžaama	[pidʒa:ma]
workwear	tööriietus	[tø:ri:etus]

underwear	pesu	[pesu]
socks	sokid	[sokit]
bra	rinnahoidja	[rinnahojdja]
pantyhose	sukkpüksid	[sukkpʉksit]
stockings (thigh highs)	sukad	[sukat]
bathing suit	trikoo	[triko:]
hat	müts	[mʉts]
footwear	jalatsid	[jalatsit]
boots (e.g., cowboy ~)	saapad	[sa:pat]
heel	konts	[konts]
shoestring	kingapael	[kingapaelʲ]
shoe polish	kingakreem	[kingakre:m]

cotton (n)	puuvill	[pu:vilʲ]
wool (n)	vill	[vilʲ]
fur (n)	karusnahk	[karusnahk]

gloves	sõrmkindad	[sɜrmkindat]
mittens	labakindad	[labakindat]
scarf (muffler)	sall	[salʲ]
glasses (eyeglasses)	prillid	[prilʲit]
umbrella	vihmavari	[ʋihmaʋari]
tie (necktie)	lips	[lips]
handkerchief	taskurätik	[taskurætik]
comb	kamm	[kamm]
hairbrush	juuksehari	[ju:ksehari]

buckle	pannal	[pannalʲ]
belt	vöö	[ʋø:]
purse	käekott	[kæeəkott]

collar	krae	[krae]
pocket	tasku	[tasku]
sleeve	varrukas	[ʋarrukas]
fly (on trousers)	püksiauk	[pʉksiauk]

zipper (fastener)	tõmblukk	[tɜmblukk]
button	nööp	[nø:p]
to get dirty (vi)	ära määrima	[æra mæ:rima]
stain (mark, spot)	plekk	[plekk]

8. City. Urban institutions

| store | kauplus | [kauplus] |
| shopping mall | kaubanduskeskus | [kaubanduskeskus] |

supermarket	supermarket	[supermarket]
shoe store	kingapood	[kingapo:t]
bookstore	raamatukauplus	[ra:matukauplus]

drugstore, pharmacy	apteek	[apte:k]
bakery	leivapood	[lejʋapo:t]
pastry shop	kondiitripood	[kondi:tripo:t]
grocery store	toidupood	[tojdupo:t]
butcher shop	lihakarn	[lihakarn]
produce store	juurviljapood	[ju:rʋiljapo:t]
market	turg	[turg]

hair salon	juuksurisalong	[ju:ksurisalong]
post office	postkontor	[posʲtkontor]
dry cleaners	keemiline puhastus	[ke:miline puhasʲtus]
circus	tsirkus	[tsirkus]
zoo	loomaaed	[lo:ma:et]

theater	teater	[teater]
movie theater	kino	[kino]
museum	muuseum	[mu:seum]
library	raamatukogu	[ra:matukogu]

mosque	mošee	[moʃe:]
synagogue	sünagoog	[sʉnago:g]
cathedral	katedraal	[katedra:lʲ]
temple	pühakoda	[pʉhakoda]
church	kirik	[kirik]

college	instituut	[insʲtitu:t]
university	ülikool	[ʉliko:lʲ]
school	kool	[ko:lʲ]

hotel	hotell	[hotelʲ]
bank	pank	[pank]
embassy	suursaatkond	[su:rsa:tkont]
travel agency	reisibüroo	[rejsibʉro:]

subway	metroo	[metro:]
hospital	haigla	[haiɣla]
gas station	tankla	[tankla]
parking lot	parkla	[parkla]

ENTRANCE	SISSEPÄÄS	[sissepæ:s]
EXIT	VÄLJAPÄÄS	[ʋæljapæ:s]
PUSH	LÜKKA	[lʉkka]
PULL	TÕMBA	[tɔmba]
OPEN	AVATUD	[aʋatut]
CLOSED	SULETUD	[suletut]

monument	mälestussammas	[mælesʲtussammas]
fortress	kindlus	[kintlus]

palace	loss	[loss]
medieval (adj)	keskaegne	[keskaegne]
ancient (adj)	vanaaegne	[ʋanaːegne]
national (adj)	rahvuslik	[rahʋuslik]
famous (monument, etc.)	tuntud	[tuntut]

9. Money. Finances

money	raha	[raha]
coin	münt	[mʉnt]
dollar	dollar	[dolʲær]
euro	euro	[euro]

ATM	pangaautomaat	[pangaːutomaːt]
currency exchange	rahavahetus	[rahaʋahetus]
exchange rate	kurss	[kurss]
cash	sularaha	[sularaha]

How much?	Kui palju?	[kui palju?]
to pay (vi, vt)	tasuma	[tasuma]
payment	maksmine	[maksmine]
change (give the ~)	tagasiantav raha	[tagasiantaʋ raha]

price	hind	[hint]
discount	allahindlus	[alʲæhintlus]
cheap (adj)	odav	[odaʋ]
expensive (adj)	kallis	[kalʲis]

bank	pank	[pank]
account	pangakonto	[pangakonto]
credit card	krediidikaart	[krediːdikaːrt]
check	tšekk	[tʃekk]
to write a check	tšekki välja kirjutama	[tʃekkі ʋælja kirjutama]
checkbook	tšekiraamat	[tʃekiraːmat]

debt	võlg	[ʋɜlʲg]
debtor	võlgnik	[ʋɜlʲgnik]
to lend (money)	võlgu andma	[ʋɜlʲgu andma]
to borrow (vi, vt)	võlgu võtma	[ʋɜlʲgu ʋɜtma]

to rent (~ a tuxedo)	laenutama	[laenutama]
on credit (adv)	krediiti võtma	[krediːti ʋɜtma]
wallet	rahatasku	[rahatasku]
safe	seif	[sejf]
inheritance	pärandus	[pærandus]
fortune (wealth)	varandus	[ʋarandus]

tax	maks	[maks]
fine	trahv	[trahʋ]
to fine (vt)	trahvima	[trahʋima]

wholesale (adj)	hulgi-	[hulᵕgi-]
retail (adj)	jae	[jae]
to insure (vt)	kindlustama	[kintlusᵕtama]
insurance	kindlustus	[kintlusᵕtus]

capital	kapital	[kapitalᵕ]
turnover	käive	[kæejʋe]
stock (share)	aktsia	[aktsia]
profit	kasum	[kasum]
profitable (adj)	kasumiga	[kasumiga]

crisis	kriis	[kri:s]
bankruptcy	pankrot	[pankrot]
to go bankrupt	pankrotistuma	[pankrotisᵕtuma]

accountant	raamatupidaja	[ra:matupidaja]
salary	töötasu	[tø:tasu]
bonus (money)	preemia	[pre:mia]

10. Transportation

bus	buss	[buss]
streetcar	tramm	[tramm]
trolley bus	troll	[trolᵕ]

to go by ...	... sõitma	[... sɜitma]
to get on (~ the bus)	sisenema	[sisenema]
to get off ...	maha minema	[maha minema]

stop (e.g., bus ~)	peatus	[peatus]
terminus	lõpp-peatus	[lɜpp-peatus]
schedule	sõiduplaan	[sɜidupla:n]
ticket	pilet	[pilet]
to be late (for ...)	hilinema	[hilinema]

taxi, cab	takso	[takso]
by taxi	taksoga	[taksoga]
taxi stand	taksopeatus	[taksopeatus]

traffic	tänavaliiklus	[tænaʋali:klus]
rush hour	tipptund	[tipptunt]
to park (vi)	parkima	[parkima]

subway	metroo	[metro:]
station	jaam	[ja:m]
train	rong	[rong]
train station	raudteejaam	[raudte:ja:m]
rails	rööpad	[rø:pat]
compartment	kupee	[kupe:]
berth	nari	[nari]

airplane	**lennuk**	[lennuk]
air ticket	**lennukipilet**	[lennukipilet]
airline	**lennukompanii**	[lennukompani:]
airport	**lennujaam**	[lennuja:m]
flight (act of flying)	**lend**	[lent]
luggage	**pagas**	[pagas]
luggage cart	**pagasikäru**	[pagasikæru]
ship	**laev**	[laeʋ]
cruise ship	**liinilaev**	[li:nilaeʋ]
yacht	**jaht**	[jaht]
boat (flat-bottomed ~)	**paat**	[pa:t]
captain	**kapten**	[kapten]
cabin	**kajut**	[kajut]
port (harbor)	**sadam**	[sadam]
bicycle	**jalgratas**	[jalʲgratas]
scooter	**motoroller**	[motorolʲer]
motorcycle, bike	**mootorratas**	[mo:torratas]
pedal	**pedaal**	[peda:lʲ]
pump	**pump**	[pump]
wheel	**ratas**	[ratas]
automobile, car	**auto**	[auto]
ambulance	**kiirabi**	[ki:rabi]
truck	**veoauto**	[ʋeoauto]
used (adj)	**kasutatud**	[kasutatut]
car crash	**avarii**	[aʋari:]
repair	**remont**	[remont]

11. Food. Part 1

meat	**liha**	[liha]
chicken	**kana**	[kana]
duck	**part**	[part]
pork	**sealiha**	[sealiha]
veal	**vasikaliha**	[ʋasikaliha]
lamb	**lambaliha**	[lambaliha]
beef	**loomaliha**	[lo:maliha]
sausage (bologna, pepperoni, etc.)	**vorst**	[ʋorsʲt]
egg	**muna**	[muna]
fish	**kala**	[kala]
cheese	**juust**	[ju:sʲt]
sugar	**suhkur**	[suhkur]
salt	**sool**	[so:lʲ]

rice	riis	[ri:s]
pasta (macaroni)	makaronid	[makaronit]
butter	või	[vɜi]
vegetable oil	taimeõli	[taimeɜli]
bread	leib	[lejb]
chocolate (n)	šokolaad	[ʃokola:t]

wine	vein	[vejn]
coffee	kohv	[kohʊ]
milk	piim	[pi:m]
juice	mahl	[mahlʲ]
beer	õlu	[ɜlu]
tea	tee	[te:]

tomato	tomat	[tomat]
cucumber	kurk	[kurk]
carrot	porgand	[porgant]
potato	kartul	[kartulʲ]
onion	sibul	[sibulʲ]
garlic	küüslauk	[kʉ:slauk]

cabbage	kapsas	[kapsas]
beetroot	peet	[pe:t]
eggplant	baklažaan	[baklaʒa:n]
dill	till	[tilʲ]
lettuce	salat	[salat]
corn (maize)	mais	[mais]

fruit	puuvili	[pu:vili]
apple	õun	[ɜun]
pear	pirn	[pirn]
lemon	sidrun	[sidrun]
orange	apelsin	[apelʲsin]
strawberry (garden ~)	aedmaasikas	[aedma:sikas]

plum	ploom	[plo:m]
raspberry	vaarikas	[va:rikas]
pineapple	ananass	[ananass]
banana	banaan	[bana:n]
watermelon	arbuus	[arbu:s]
grape	viinamarjad	[vi:namarjat]
melon	melon	[melon]

12. Food. Part 2

cuisine	köök	[kø:k]
recipe	retsept	[retsept]
food	söök	[sø:k]
to have breakfast	hommikust sööma	[hommikusʲt sø:ma]
to have lunch	lõunat sööma	[lɜunat sø:ma]

to have dinner	õhtust sööma	[ɜhtusʲt sø:ma]
taste, flavor	maitse	[maitse]
tasty (adj)	maitsev	[maitseʋ]
cold (adj)	külm	[kʉlʲm]
hot (adj)	kuum	[ku:m]
sweet (sugary)	magus	[magus]
salty (adj)	soolane	[so:lane]

sandwich (bread)	võileib	[ʋɜjlejb]
side dish	lisand	[lisant]
filling (for cake, pie)	täidis	[tæjdis]
sauce	kaste	[kasʲte]
piece (of cake, pie)	tükk	[tʉkk]

diet	dieet	[die:t]
vitamin	vitamiin	[ʋitami:n]
calorie	kalor	[kalor]
vegetarian (n)	taimetoitlane	[taimetojtlane]

restaurant	restoran	[resʲtoran]
coffee house	kohvituba	[kohʋituba]
appetite	söögiisu	[sø:gi:su]
Enjoy your meal!	Head isu!	[heat isu!]

waiter	kelner	[kelʲner]
waitress	ettekandja	[ettekandja]
bartender	baarimees	[ba:rime:s]
menu	menüü	[menʉ:]
spoon	lusikas	[lusikas]
knife	nuga	[nuga]
fork	kahvel	[kahʋelʲ]
cup (e.g., coffee ~)	tass	[tass]

plate (dinner ~)	taldrik	[talʲdrik]
saucer	alustass	[alusʲtass]
napkin (on table)	salvrätik	[salʲʋrætik]
toothpick	hambaork	[hambaork]

to order (meal)	tellima	[telʲima]
course, dish	roog	[ro:g]
portion	portsjon	[portsjon]
appetizer	suupiste	[su:pisʲte]
salad	salat	[salat]
soup	supp	[supp]

dessert	magustoit	[magusʲtojt]
jam (whole fruit jam)	moos	[mo:s]
ice-cream	jäätis	[jæ:tis]

check	arve	[arʋe]
to pay the check	arvet maksma	[arʋet maksma]
tip	jootraha	[jo:traha]

13. House. Apartment. Part 1

house	**maja**	[maja]
country house	**maamaja**	[ma:maja]
villa (seaside ~)	**villa**	[ʋilʲæ]
floor, story	**korrus**	[korrus]
entrance	**trepikoda**	[trepikoda]
wall	**sein**	[sejn]
roof	**katus**	[katus]
chimney	**korsten**	[korsʲten]
attic (storage place)	**pööning**	[pø:ning]
window	**aken**	[aken]
window ledge	**aknalaud**	[aknalaut]
balcony	**rõdu**	[rɜdu]
stairs (stairway)	**trepp**	[trepp]
mailbox	**postkast**	[posʲtkasʲt]
garbage can	**prügikonteiner**	[prʉgikontejner]
elevator	**lift**	[lift]
electricity	**elekter**	[elekter]
light bulb	**elektripirn**	[elektripirn]
switch	**lüliti**	[lʉliti]
wall socket	**pistikupesa**	[pisʲtikupesa]
fuse	**kaitse**	[kaitse]
door	**uks**	[uks]
handle, doorknob	**ukselink**	[ukselink]
key	**võti**	[ʋɜti]
doormat	**uksematt**	[uksematt]
door lock	**lukk**	[lukk]
doorbell	**uksekell**	[uksekelʲ]
knock (at the door)	**koputus**	[koputus]
to knock (vi)	**koputama**	[koputama]
peephole	**uksesilm**	[uksesilʲm]
yard	**õu**	[ɜu]
garden	**aed**	[aet]
swimming pool	**bassein**	[bassejn]
gym (home gym)	**spordisaal**	[spordisa:lʲ]
tennis court	**tenniseväljak**	[tenniseʋæljak]
garage	**garaaž**	[gara:ʒ]
private property	**eraomand**	[eraomant]
warning sign	**kirjalik hoiatus**	[kirjalik hojatus]
security	**valve**	[ʋalʲʋe]
security guard	**turvamees**	[turʋame:s]
renovations	**remont**	[remont]

to renovate (vt)	remonti tegema	[remonti tegema]
to put in order	korda tegema	[korda tegema]
to paint (~ a wall)	värvima	[ʋærʋima]
wallpaper	tapeet	[tape:t]
to varnish (vt)	lakkima	[lakkima]
pipe	toru	[toru]
tools	tööriistad	[tø:ri:sʲtat]
basement	kelder	[kelʲder]
sewerage (system)	kanalisatsioon	[kanalisatsio:n]

14. House. Apartment. Part 2

apartment	korter	[korter]
room	tuba	[tuba]
bedroom	magamistuba	[magamisʲtuba]
dining room	söögituba	[sø:gituba]
living room	külalistuba	[kʉlalisʲtuba]
study (home office)	kabinet	[kabinet]
entry room	esik	[esik]
bathroom (room with a bath or shower)	vannituba	[ʋannituba]
half bath	tualett	[tualett]
floor	põrand	[pɜrant]
ceiling	lagi	[lagi]
to dust (vt)	tolmu pühkima	[tolʲmu pʉhkima]
vacuum cleaner	tolmuimeja	[tolʲmuimeja]
to vacuum (vt)	tolmuimejaga koristama	[tolʲmuimejaga korisʲtama]
mop	hari	[hari]
dust cloth	lapp	[lapp]
short broom	luud	[lu:t]
dustpan	prügikühvel	[prʉgikʉhʋelʲ]
furniture	mööbel	[mø:belʲ]
table	laud	[laut]
chair	tool	[to:lʲ]
armchair	tugitool	[tugito:lʲ]
bookcase	raamatukapp	[ra:matukapp]
shelf	raamaturiiul	[ra:maturi:ulʲ]
wardrobe	riidekapp	[ri:dekapp]
mirror	peegel	[pe:gelʲ]
carpet	vaip	[ʋaip]
fireplace	kamin	[kamin]
drapes	külgkardinad	[kʉlʲgkardinat]

| table lamp | laualamp | [laualamp] |
| chandelier | lühter | [luhter] |

kitchen	köök	[kø:k]
gas stove (range)	gaasipliit	[ga:sipli:t]
electric stove	elektripliit	[elektripli:t]
microwave oven	mikrolaineahi	[mikrolaineahi]

refrigerator	külmkapp	[kulmkapp]
freezer	jääkapp	[jæ:kapp]
dishwasher	nõudepesumasin	[nɜudepesumasin]
faucet	kraan	[kra:n]

meat grinder	hakklihamasin	[hakklihamasin]
juicer	mahlapress	[mahlapress]
toaster	röster	[røsⁱter]
mixer	mikser	[mikser]

coffee machine	kohvikeetja	[kohuike:tja]
kettle	veekeetja	[ue:ke:tja]
teapot	teekann	[te:kann]

TV set	televiisor	[teleui:sor]
VCR (video recorder)	videomagnetofon	[uideomagnetofon]
iron (e.g., steam ~)	triikraud	[tri:kraut]
telephone	telefon	[telefon]

15. Professions. Social status

director	direktor	[direktor]
superior	ülemus	[ulemus]
president	president	[president]
assistant	abi	[abi]
secretary	sekretär	[sekretær]

owner, proprietor	omanik	[omanik]
partner	partner	[partner]
stockholder	aktsionär	[aktsionær]

businessman	ärimees	[ærime:s]
millionaire	miljonär	[miljonær]
billionaire	miljardär	[miljardær]

actor	näitleja	[næjtleja]
architect	arhitekt	[arhitekt]
banker	pankur	[pankur]
broker	vahendaja	[uahendaja]

| veterinarian | loomaarst | [lo:ma:rsⁱt] |
| doctor | arst | [arsⁱt] |

chambermaid	toatüdruk	[toatʉdruk]
designer	disainer	[disainer]
correspondent	korrespondent	[korrespondent]
delivery man	käskjalg	[kæskjalʲg]

electrician	elektrik	[elektrik]
musician	muusik	[muːsik]
babysitter	lapsehoidja	[lɑpsehojdjɑ]
hairdresser	juuksur	[juːksur]
herder, shepherd	karjus	[karjus]

singer (masc.)	laulja	[laulja]
translator	tõlk	[tɜlʲk]
writer	kirjanik	[kirjanik]
carpenter	puussepp	[puːssepp]
cook	kokk	[kokk]

fireman	tuletõrjuja	[tuletɜrjuja]
police officer	politseinik	[politsejnik]
mailman	postiljon	[posʲtiljon]
programmer	programmeerija	[programmeːrija]
salesman (store staff)	müüja	[mʉːja]

worker	tööline	[tøːline]
gardener	aednik	[aednik]
plumber	torulukksepp	[torulukksepp]
dentist	stomatoloog	[sʲtomatoloːg]
flight attendant (fem.)	stjuardess	[sʲtjuardess]

dancer (masc.)	tantsija	[tantsija]
bodyguard	ihukaitsja	[ihukaitsja]
scientist	teadlane	[teatlane]
schoolteacher	õpetaja	[ɜpetaja]

farmer	talunik	[talunik]
surgeon	kirurg	[kirurg]
miner	kaevur	[kaeʋur]
chef (kitchen chef)	peakokk	[peakokk]
driver	autojuht	[autojuht]

16. Sport

kind of sports	spordiala	[spordiala]
soccer	jalgpall	[jalʲgpalʲ]
hockey	hoki	[hoki]
basketball	korvpall	[korʊpalʲ]
baseball	pesapall	[pesapalʲ]

| volleyball | võrkpall | [ʋɜrkpalʲ] |
| boxing | poks | [poks] |

wrestling	**maadlus**	[ma:tlus]
tennis	**tennis**	[tennis]
swimming	**ujumine**	[ujumine]
chess	**male**	[male]
running	**jooks**	[jo:ks]
athletics	**kergejõustik**	[kergeʒusⁱtik]
figure skating	**iluuisutamine**	[ilu:isutamine]
cycling	**jalgrattasport**	[jalⁱgrattasport]
billiards	**piljard**	[piljart]
bodybuilding	**bodybilding**	[bodybilⁱding]
golf	**golf**	[golf]
scuba diving	**allveeujumine**	[alⁱʋe:ujumine]
sailing	**purjesport**	[purjesport]
archery	**vibulaskmine**	[ʋibulaskmine]
period, half	**poolaeg**	[po:laeg]
half-time	**vaheaeg**	[ʋaheaeg]
tie	**viik**	[ʋi:k]
to tie (vi)	**viiki mängima**	[ʋi:ki mæŋima]
treadmill	**jooksurada**	[jo:ksurada]
player	**mängija**	[mæŋija]
substitute	**varumängija**	[ʋarumæŋija]
substitutes bench	**varumängijate pink**	[ʋarumæŋijate pink]
match	**mäng**	[mæŋ]
goal	**värav**	[ʋæraʋ]
goalkeeper	**väravavaht**	[ʋæraʋaʋaht]
goal (score)	**värav**	[ʋæraʋ]
Olympic Games	**Olümpiamängud**	[olʉmpiamæŋut]
to set a record	**rekordit püstitama**	[rekordit pʉsⁱtitama]
final	**finaal**	[fina:lʲ]
champion	**tšempion**	[tʃempion]
championship	**meistrivõistlused**	[mejsⁱtriʋɔisⁱtluset]
winner	**võitja**	[ʋɔitja]
victory	**võit**	[ʋɔit]
to win (vi)	**võitma**	[ʋɔitma]
to lose (not win)	**kaotama**	[kaotama]
medal	**medal**	[medalʲ]
first place	**esimene koht**	[esimene koht]
second place	**teine koht**	[tejne koht]
third place	**kolmas koht**	[kolⁱmas koht]
stadium	**staadion**	[sⁱta:dion]
fan, supporter	**poolehoidja**	[po:lehojdja]
trainer, coach	**treener**	[tre:ner]
training	**trenn**	[trenn]

17. Foreign languages. Orthography

language	**keel**	[keːlʲ]
to study (vt)	**uurima**	[uːrima]
pronunciation	**hääldamine**	[hæːlʲdamine]
accent	**aktsent**	[aktsent]
noun	**nimisõnad**	[nimisɜnat]
adjective	**omadussõnad**	[omadussɜnat]
verb	**tegusõna**	[tegusɜna]
adverb	**määrsõna**	[mæːrsɜna]
pronoun	**asesõna**	[asesɜna]
interjection	**hüüdsõna**	[hʉːdsɜna]
preposition	**eessõna**	[eːssɜna]
root	**sõna tüvi**	[sɜna tʉʋi]
ending	**lõpp**	[lɜpp]
prefix	**eesliide**	[eːsliːde]
syllable	**silp**	[silʲp]
suffix	**järelliide**	[jærelʲiːde]
stress mark	**rõhk**	[rɜhk]
period, dot	**punkt**	[punkt]
comma	**koma**	[koma]
colon	**koolon**	[koːlon]
ellipsis	**kolmpunkt**	[kolʲmpunkt]
question	**küsimus**	[kʉsimus]
question mark	**küsimärk**	[kʉsimærk]
exclamation point	**hüüumärk**	[hʉːumærk]
in quotation marks	**jutumärkides**	[jutumærkides]
in parenthesis	**sulgudes**	[sulʲgudes]
letter	**täht**	[tæht]
capital letter	**suur algustäht**	[suːr alʲgusʲtæht]
sentence	**pakkumine**	[pakkumine]
group of words	**sõnaühend**	[sɜnaʉhent]
expression	**väljend**	[ʋæljent]
subject	**alus**	[alus]
predicate	**öeldis**	[øelʲdis]
line	**rida**	[rida]
paragraph	**lõik**	[lɜik]
synonym	**sünonüüm**	[sʉnonʉːm]
antonym	**antonüüm**	[antonʉːm]
exception	**erand**	[erant]
to underline (vt)	**alla kriipsutama**	[alʲæ kriːpsutama]
rules	**reeglid**	[reːglit]

grammar	**grammatika**	[grammatika]
vocabulary	**sõnavara**	[sɜnaʋara]
phonetics	**foneetika**	[fone:tika]
alphabet	**tähestik**	[tæhesᵗtik]
textbook	**õpik**	[ɜpik]
dictionary	**sõnaraamat**	[sɜnara:mat]
phrasebook	**vestmik**	[ʋesᵗtmik]
word	**sõna**	[sɜna]
meaning	**mõiste**	[mɜisᵗte]
memory	**mälu**	[mælu]

18. The Earth. Geography

the Earth	**Maa**	[ma:]
the globe (the Earth)	**maakera**	[ma:kera]
planet	**planeet**	[plane:t]
geography	**geograafia**	[geogra:fia]
nature	**loodus**	[lo:dus]
map	**kaart**	[ka:rt]
atlas	**atlas**	[atlas]
in the north	**põhjas**	[pɜhjas]
in the south	**lõunas**	[lɜunas]
in the west	**läänes**	[lʲæ:nes]
in the east	**idas**	[idas]
sea	**meri**	[meri]
ocean	**ookean**	[o:kean]
gulf (bay)	**laht**	[laht]
straits	**väin**	[ʋæjn]
continent (mainland)	**manner**	[manner]
island	**saar**	[sa:r]
peninsula	**poolsaar**	[po:lʲsa:r]
archipelago	**arhipelaag**	[arhipela:g]
harbor	**sadam**	[sadam]
coral reef	**korallrahu**	[koralʲrahu]
shore	**rand**	[rant]
coast	**rannik**	[rannik]
flow (flood tide)	**tõus**	[tɜus]
ebb (ebb tide)	**mõõn**	[mɜ:n]
latitude	**laius**	[laius]
longitude	**pikkus**	[pikkus]
parallel	**paralleel**	[paralʲe:lʲ]

equator	ekvaator	[ekʋɑ:tor]
sky	taevas	[taeʋɑs]
horizon	silmapiir	[silʲmɑpi:r]
atmosphere	atmosfäär	[ɑtmosfæ:r]

mountain	mägi	[mægi]
summit, top	tipp	[tipp]
cliff	kalju	[kɑlju]
hill	küngas	[kʉngas]

volcano	vulkaan	[ʋulʲkɑ:n]
glacier	liustik	[liusʲtik]
waterfall	juga	[juga]
plain	lausmaa	[lausmɑ:]

river	jõgi	[jɜgi]
spring (natural source)	allikas	[alʲikas]
bank (of river)	kallas	[kalʲæs]
downstream (adv)	allavoolu	[alʲæʋo:lu]
upstream (adv)	ülesvoolu	[ʉlesʋo:lu]

lake	järv	[jærʋ]
dam	pais	[pais]
canal	kanal	[kanalʲ]
swamp (marshland)	soo	[so:]
ice	jää	[jæ:]

19. Countries of the world. Part 1

Europe	Euroopa	[euro:pa]
European Union	Euroopa Liit	[euro:pa li:t]
European (n)	eurooplane	[euro:plane]
European (adj)	euroopa	[euro:pa]

Austria	Austria	[ausʲtria]
Great Britain	Suurbritannia	[su:rbritannia]
England	Inglismaa	[inglisma:]
Belgium	Belgia	[belʲgia]
Germany	Saksamaa	[saksama:]

Netherlands	Madalmaad	[madalʲma:t]
Holland	Holland	[holʲænt]
Greece	Kreeka	[kre:ka]
Denmark	Taani	[ta:ni]
Ireland	Iirimaa	[i:rima:]

Iceland	Island	[islant]
Spain	Hispaania	[hispa:nia]
Italy	Itaalia	[ita:lia]
Cyprus	Küpros	[kʉpros]

Malta	Malta	[malˑta]
Norway	Norra	[norra]
Portugal	Portugal	[portugalˑ]
Finland	Soome	[soːme]
France	Prantsusmaa	[prantsusmaː]
Sweden	Rootsi	[roːtsi]

Switzerland	Šveits	[ʃʋejts]
Scotland	Šotimaa	[ʃotimaː]
Vatican	Vatikan	[ʋatikan]
Liechtenstein	Liechtenstein	[lihtenʃtejn]
Luxembourg	Luxembourg	[luksembourg]

Monaco	Monaco	[monako]
Albania	Albaania	[alˑbaːnia]
Bulgaria	Bulgaaria	[bulˑgaːria]
Hungary	Ungari	[ungari]
Latvia	Läti	[lˑæti]

Lithuania	Leedu	[leːdu]
Poland	Poola	[poːla]
Romania	Rumeenia	[rumeːnia]
Serbia	Serbia	[serbia]
Slovakia	Slovakkia	[sloʋakkia]

Croatia	Kroaatia	[kroaːtia]
Czech Republic	Tšehhia	[tʃehhia]
Estonia	Eesti	[eːsˑti]
Bosnia and Herzegovina	Bosnia ja Hertsegoviina	[bosnia ja hertsegoʋiːna]
Macedonia (Republic of ~)	Makedoonia	[makedoːnia]

Slovenia	Sloveenia	[sloʋeːnia]
Montenegro	Montenegro	[montenegro]
Belarus	Valgevenemaa	[ʋalˑgeʋenemaː]
Moldova, Moldavia	Moldova	[molˑdoʋa]
Russia	Venemaa	[ʋenemaː]
Ukraine	Ukraina	[ukraina]

20. Countries of the world. Part 2

Asia	Aasia	[aːsia]
Vietnam	Vietnam	[ʋietnam]
India	India	[india]
Israel	Iisrael	[iːsraelˑ]
China	Hiina	[hiːna]

Lebanon	Liibanon	[liːbanon]
Mongolia	Mongoolia	[mongoːlia]
Malaysia	Malaisia	[malaisia]
Pakistan	Pakistan	[pakisˑtan]

Saudi Arabia	**Saudi Araabia**	[saudi ara:bia]
Thailand	**Tai**	[tai]
Taiwan	**Taivan**	[taiʋan]
Turkey	**Türgi**	[tʉrgi]
Japan	**Jaapan**	[ja:pan]
Afghanistan	**Afganistan**	[afganisˈtan]
Bangladesh	**Bangladesh**	[bangladesh]
Indonesia	**Indoneesia**	[indone:sia]
Jordan	**Jordaania**	[jorda:nia]
Iraq	**Iraak**	[ira:k]
Iran	**Iraan**	[ira:n]
Cambodia	**Kambodža**	[kambodʒa]
Kuwait	**Kuveit**	[kuʋejt]
Laos	**Laos**	[laos]
Myanmar	**Mjanma**	[mjanma]
Nepal	**Nepal**	[nepalʲ]
United Arab Emirates	**Araabia Ühendemiraadid**	[ara:bia ʉhendemira:dit]
Syria	**Süüria**	[sʉ:ria]
Palestine	**Palestiina autonoomia**	[palesˈti:na autono:mia]
South Korea	**Lõuna-Korea**	[lɜuna-korea]
North Korea	**Põhja-Korea**	[pɜhja-korea]
United States of America	**Ameerika Ühendriigid**	[ame:rika ʉhendri:git]
Canada	**Kanada**	[kanada]
Mexico	**Mehhiko**	[mehhiko]
Argentina	**Argentiina**	[argenti:na]
Brazil	**Brasiilia**	[brasi:lia]
Colombia	**Kolumbia**	[kolumbia]
Cuba	**Kuuba**	[ku:ba]
Chile	**Tšiili**	[tʃi:li]
Venezuela	**Venetsueela**	[ʋenetsue:la]
Ecuador	**Ecuador**	[ekuador]
The Bahamas	**Bahama saared**	[bahama sa:ret]
Panama	**Panama**	[panama]
Egypt	**Egiptus**	[egiptus]
Morocco	**Maroko**	[maroko]
Tunisia	**Tuneesia**	[tune:sia]
Kenya	**Keenia**	[ke:nia]
Libya	**Liibüa**	[li:bʉa]
South Africa	**Lõuna-Aafrika Vabariik**	[lɜuna-a:frika ʋabari:k]
Australia	**Austraalia**	[ausˈtra:lia]
New Zealand	**Uus Meremaa**	[u:s merema:]

21. Weather. Natural disasters

weather	ilm	[ilᶨm]
weather forecast	ilmaennustus	[ilᶨmaennusᶨtus]
temperature	temperatuur	[temperatu:r]
thermometer	kraadiklaas	[kra:dikla:s]
barometer	baromeeter	[barome:ter]

sun	päike	[pæjke]
to shine (vi)	paistma	[paisᶨtma]
sunny (day)	päikseline	[pæjkseline]
to come up (vi)	tõusma	[tɜusma]
to set (vi)	loojuma	[lo:juma]

rain	vihm	[ʋihm]
it's raining	vihma sajab	[ʋihma sajab]
pouring rain	paduvihm	[paduʋihm]
rain cloud	pilv	[pilᶨʋ]
puddle	lomp	[lomp]
to get wet (in rain)	märjaks saama	[mærjaks sa:ma]

thunderstorm	äike	[æjke]
lightning (~ strike)	välk	[ʋælᶨk]
to flash (vi)	välku lööma	[ʋɔclᶨku lø:ma]
thunder	kõu	[kɜu]
it's thundering	müristab	[murisᶨtab]
hail	rahe	[rahe]
it's hailing	rahet sajab	[rahet sajab]

heat (extreme ~)	kuumus	[ku:mus]
it's hot	on kuum	[on ku:m]
it's warm	soojus	[so:jus]
it's cold	on külm	[on kʉlᶨm]

fog (mist)	udu	[udu]
foggy	udune	[udune]
cloud	pilv	[pilᶨʋ]
cloudy (adj)	pilves	[pilᶨʋes]
humidity	niiskus	[ni:skus]

snow	lumi	[lumi]
it's snowing	lund sajab	[lunt sajab]
frost (severe ~, freezing cold)	pakane	[pakane]
below zero (adv)	alla nulli	[alᶨæ nulᶨi]
hoarfrost	härmatis	[hærmatis]

bad weather	halb ilm	[halᶨb ilᶨm]
disaster	katastroof	[katasᶨtro:f]
flood, inundation	üleujutus	[ʉleujutus]
avalanche	laviin	[laʋi:n]

earthquake	maavärin	[ma:υærin]
tremor, quake	tõuge	[tɜuge]
epicenter	epitsenter	[epitsenter]
eruption	vulkaanipurse	[υulʲka:nipurse]
lava	laava	[la:υa]

tornado	tornaado	[torna:do]
twister	tromb	[tromb]
hurricane	orkaan	[orka:n]
tsunami	tsunami	[tsunami]
cyclone	tsüklon	[tsʉklon]

22. Animals. Part 1

animal	loom	[lo:m]
predator	kiskja	[kiskja]

tiger	tiiger	[ti:ger]
lion	lõvi	[lɜυi]
wolf	hunt	[hunt]
fox	rebane	[rebane]
jaguar	jaaguar	[ja:guar]

lynx	ilves	[ilʲυes]
coyote	koiott	[kojott]
jackal	šaakal	[ʃa:kalʲ]
hyena	hüään	[hʉæ:n]

squirrel	orav	[oraυ]
hedgehog	siil	[si:lʲ]
rabbit	küülik	[kʉ:lik]
raccoon	pesukaru	[pesukaru]

hamster	hamster	[hamsʲter]
mole	mutt	[mutt]
mouse	hiir	[hi:r]
rat	rott	[rott]
bat	nahkhiir	[nahkhi:r]

beaver	kobras	[kobras]
horse	hobune	[hobune]
deer	põhjapõder	[pɜhjapɜder]
camel	kaamel	[ka:melʲ]
zebra	sebra	[sebra]

whale	vaal	[υa:lʲ]
seal	hüljes	[hʉljes]
walrus	merihobu	[merihobu]
dolphin	delfiin	[delfi:n]
bear	karu	[karu]

monkey	ahv	[ahʊ]
elephant	elevant	[eleʋant]
rhinoceros	ninasarvik	[ninasarʋik]
giraffe	kaelkirjak	[kaelʲkirjak]

hippopotamus	jõehobu	[jɜehobu]
kangaroo	känguru	[kænguru]
cat	kass	[kass]
dog	koer	[koer]

cow	lehm	[lehm]
bull	pull	[pulʲ]
sheep (ewe)	lammas	[lammas]
goat	kits	[kits]

donkey	eesel	[e:selʲ]
pig, hog	siga	[siga]
hen (chicken)	kana	[kana]
rooster	kukk	[kukk]

duck	part	[part]
goose	hani	[hani]
turkey (hen)	kalkun	[kalʲkun]
sheepdog	lambakoer	[lambakoer]

23. Animals. Part 2

bird	lind	[lint]
pigeon	tuvi	[tuʋi]
sparrow	varblane	[ʋarblane]
tit (great tit)	tihane	[tihane]
magpie	harakas	[harakas]

eagle	kotkas	[kotkas]
hawk	kull	[kulʲ]
falcon	kotkas	[kotkas]

swan	luik	[luik]
crane	kurg	[kurg]
stork	toonekurg	[to:nekurg]
parrot	papagoi	[papagoj]
peacock	paabulind	[pa:bulint]
ostrich	jaanalind	[ja:nalint]

heron	haigur	[haigur]
nightingale	ööbik	[ø:bik]
swallow	suitsupääsuke	[suitsupæ:suke]
woodpecker	rähn	[ræhn]
cuckoo	kägu	[kægu]
owl	öökull	[ø:kulʲ]

penguin	**pingviin**	[pinguːn]
tuna	**tuunikala**	[tuːnikala]
trout	**forell**	[forelʲ]
eel	**angerjas**	[angerjas]

shark	**haikala**	[haikala]
crab	**krabi**	[krabi]
jellyfish	**meduus**	[meduːs]
octopus	**kaheksajalg**	[kaheksajalʲg]

starfish	**meritäht**	[meritæht]
sea urchin	**merisiil**	[merisiːlʲ]
seahorse	**merihobuke**	[merihobuke]
shrimp	**krevett**	[kreuett]

snake	**uss**	[uss]
viper	**rästik**	[ræsʲtik]
lizard	**sisalik**	[sisalik]
iguana	**iguaan**	[iguaːn]
chameleon	**kameeleon**	[kameːleon]
scorpion	**skorpion**	[skorpion]

turtle	**kilpkonn**	[kilʲpkonn]
frog	**konn**	[konn]
crocodile	**krokodill**	[krokodilʲ]

insect, bug	**putukas**	[putukas]
butterfly	**liblikas**	[liblikas]
ant	**sipelgas**	[sipelʲgas]
fly	**kärbes**	[kærbes]

mosquito	**sääsk**	[sæːsk]
beetle	**sitikas**	[sitikas]
bee	**mesilane**	[mesilane]
spider	**ämblik**	[æmblik]

24. Trees. Plants

tree	**puu**	[puː]
birch	**kask**	[kask]
oak	**tamm**	[tamm]
linden tree	**pärn**	[pærn]
aspen	**haav**	[haːu]

maple	**vaher**	[uaher]
spruce	**kuusk**	[kuːsk]
pine	**mänd**	[mænt]
cedar	**seeder**	[seːder]
poplar	**pappel**	[pappelʲ]
rowan	**pihlakas**	[pihlakas]

| beech | pöök | [pøːk] |
| elm | jalakas | [jalakas] |

ash (tree)	saar	[saːr]
chestnut	kastan	[kasˈtan]
palm tree	palm	[palˈm]
bush	põõsas	[pɜːsas]

mushroom	seen	[seːn]
poisonous mushroom	mürgine seen	[mʉrgine seːn]
cep (Boletus edulis)	kivipuravik	[kiʋipuraʋik]
russula	pilvik	[pilˈʋik]
fly agaric	kärbseseen	[kærbseseːn]
death cap	sitaseen	[sitaseːn]
flower	lill	[lilˈ]
bouquet (of flowers)	lillekimp	[lilˈekimp]
rose (flower)	roos	[roːs]
tulip	tulp	[tulˈp]
carnation	nelk	[nelˈk]

camomile	karikakar	[karikakar]
cactus	kaktus	[kaktus]
lily of the valley	maikelluke	[maikelˈuke]
snowdrop	lumikelluke	[lumikelˈuke]
water lily	vesiroos	[ʋesiroːs]

greenhouse (tropical ~)	kasvuhoone	[kasʋuhoːne]
lawn	muru	[muru]
flowerbed	lillepeenar	[lilˈepeːnar]
plant	taim	[taim]
grass	rohi	[rohi]
leaf	leht	[leht]
petal	õieleht	[ɜieleht]
stem	vars	[ʋars]
young plant (shoot)	idu	[idu]

cereal crops	teraviljad	[teraʋiljat]
wheat	nisu	[nisu]
rye	rukis	[rukis]
oats	kaer	[kaer]

millet	hirss	[hirss]
barley	oder	[oder]
corn	mais	[mais]
rice	riis	[riːs]

25. Various useful words

| balance (of situation) | bilanss | [bilanss] |
| base (basis) | baas | [baːs] |

| beginning | algus | [alʲgus] |
| category | kategooria | [katego:ria] |

choice	valik	[ʋalik]
coincidence	kokkulangevus	[kokkulangeʋus]
comparison	võrdlus	[ʋɜrtlus]
degree (extent, amount)	aste	[asʲte]

development	areng	[areng]
difference	erinevus	[erineʋus]
effect (e.g., of drugs)	efekt	[efekt]
effort (exertion)	jõupingutus	[jɜupingutus]

element	element	[element]
example (illustration)	näide	[næjde]
fact	tõsiasi	[tɜsiasi]
help	abi	[abi]

ideal	ideaal	[idea:lʲ]
kind (sort, type)	ala	[ala]
mistake, error	viga	[ʋiga]
moment	moment	[moment]

obstacle	takistus	[takisʲtus]
part (~ of sth)	osa	[osa]
pause (break)	paus	[paus]
position	positsioon	[positsio:n]

problem	probleem	[proble:m]
process	protsess	[protsess]
progress	progress	[progress]
property (quality)	omadus	[omadus]

reaction	reaktsioon	[reaktsio:n]
risk	risk	[risk]
secret	saladus	[saladus]
series	seeria	[se:ria]

shape (outer form)	vorm	[ʋorm]
situation	situatsioon	[situatsio:n]
solution	lahendamine	[lahendamine]
standard (adj)	standardne	[sʲtandardne]

stop (pause)	seisak	[sejsak]
style	stiil	[sʲti:lʲ]
system	süsteem	[sʉsʲte:m]
table (chart)	tabel	[tabelʲ]
tempo, rate	tempo	[tempo]

| term (word, expression) | mõiste | [mɜisʲte] |
| truth (e.g., moment of ~) | tõde | [tɜde] |

| turn (please wait your ~) | järjekord | [jærjekort] |
| urgent (adj) | kiire | [ki:re] |

utility (usefulness)	kasu	[kasu]
variant (alternative)	variant	[ʋariant]
way (means, method)	viis	[ʋi:s]
zone	tsoon	[tso:n]

26. Modifiers. Adjectives. Part 1

additional (adj)	täiendav	[tæjendaʋ]
ancient (~ civilization)	iidne	[i:dne]
artificial (adj)	kunstlik	[kunsʲtlik]
bad (adj)	halb	[halʲb]
beautiful (person)	ilus	[ilus]

big (in size)	suur	[su:r]
bitter (taste)	mõru	[mɜru]
blind (sightless)	pime	[pime]
central (adj)	kesk-	[kesk-]

children's (adj)	laste-	[lasʲte-]
clandestine (secret)	põrandaalune	[pɜranda:lune]
clean (free from dirt)	puhas	[puhas]
clever (smart)	tark	[tark]
compatible (adj)	ühtesobiv	[ʉhtesobiʋ]

contented (satisfied)	rahulolev	[rahuloleʋ]
dangerous (adj)	ohtlik	[ohtlik]
dead (not alive)	surnud	[surnut]
dense (fog, smoke)	tihe	[tihe]
difficult (decision)	raske	[raske]

dirty (not clean)	määrdunud	[mæ:rdunut]
easy (not difficult)	lihtne	[lihtne]
empty (glass, room)	tühi	[tʉhi]
exact (amount)	täpne	[tæpne]
excellent (adj)	eeskujulik	[e:skujulik]

excessive (adj)	ülearune	[ʉlearune]
exterior (adj)	väline	[ʋæline]
fast (quick)	kiire	[ki:re]
fertile (land, soil)	viljakas	[ʋiljakas]
fragile (china, glass)	habras	[habras]

free (at no cost)	tasuta	[tasuta]
fresh (~ water)	mage	[mage]
frozen (food)	külmutatud	[kʉlʲmutatut]
full (completely filled)	täis	[tæjs]
happy (adj)	õnnelik	[ɜnnelik]

hard (not soft)	kõva	[kɜʋa]
huge (adj)	tohutu	[tohutu]
ill (sick, unwell)	haige	[haige]
immobile (adj)	liikumatu	[liːkumatu]
important (adj)	tähtis	[tæhtis]

interior (adj)	sisemine	[sisemine]
last (e.g., ~ week)	möödunud	[møːdunut]
last (final)	viimane	[ʋiːmane]
left (e.g., ~ side)	vasak	[ʋasak]
legal (legitimate)	seaduslik	[seaduslik]

light (in weight)	kerge	[kerge]
liquid (fluid)	vedel	[ʋedelʲ]
long (e.g., ~ hair)	pikk	[pikk]
loud (voice, etc.)	vali	[ʋali]
low (voice)	vaikne	[ʋaikne]

27. Modifiers. Adjectives. Part 2

main (principal)	peamine	[peamine]
matt, matte	matt	[matt]
mysterious (adj)	salapärane	[salapærane]
narrow (street, etc.)	kitsas	[kitsas]
native (~ country)	kodu-	[kodu-]

negative (~ response)	negatiivne	[negatiːʋne]
new (adj)	uus	[uːs]
next (e.g., ~ week)	järgmine	[jærgmine]
normal (adj)	normaalne	[normaːlʲne]
not difficult (adj)	üsna lihtne	[ɯsna lihtne]

obligatory (adj)	kohustuslik	[kohusʲtuslik]
old (house)	vana	[ʋana]
open (adj)	avatud	[aʋatut]
opposite (adj)	vastandlik	[ʋasʲtantlik]
ordinary (usual)	tavaline	[taʋaline]

original (unusual)	algupärane	[alʲgupærane]
personal (adj)	isiklik	[isiklik]
polite (adj)	viisakas	[ʋiːsakas]
poor (not rich)	vaene	[ʋaene]

possible (adj)	võimalik	[ʋɜimalik]
principal (main)	peamine	[peamine]
probable (adj)	tõenäoline	[tɜenæoline]
prolonged (e.g., ~ applause)	kauakestev	[kauakesʲteʋ]
public (open to all)	ühiskondlik	[ɯhiskontlik]
rare (adj)	haruldane	[harulʲdane]

raw (uncooked)	toores	[to:res]
right (not left)	parem	[parem]
ripe (fruit)	küps	[kʉps]

risky (adj)	riskantne	[riskantne]
sad (~ look)	kurb	[kurb]
second hand (adj)	kasutatud	[kasutatut]
shallow (water)	madal	[madalʲ]
sharp (blade, etc.)	terav	[teraʋ]

short (in length)	lühike	[lʉhike]
similar (adj)	sarnane	[sarnane]
small (in size)	väike	[ʋæjke]
smooth (surface)	sile	[sile]
soft (~ toys)	pehme	[pehme]

solid (~ wall)	vastupidav	[ʋasˈtupidaʋ]
sour (flavor, taste)	hapu	[hapu]
spacious (house, etc.)	avar	[aʋar]
special (adj)	spetsiaalne	[spetsia:lʲne]

straight (line, road)	sirge	[sirge]
strong (person)	tugev	[tugeʋ]
stupid (foolish)	rumal	[rumalʲ]
superb, perfect (adj)	suurepärane	[su:ropœrane]

sweet (sugary)	magus	[magus]
tan (adj)	päevitunud	[pæəʋitunut]
tasty (delicious)	maitsev	[maitseʋ]
unclear (adj)	arusaamatu	[arusa:matu]

28. Verbs. Part 1

to accuse (vt)	süüdistama	[sʉ:disˈtama]
to agree (say yes)	nõustuma	[nɔusˈtuma]
to announce (vt)	teatama	[teatama]
to answer (vi, vt)	vastama	[ʋasˈtama]
to apologize (vi)	vabandama	[ʋabandama]

to arrive (vi)	saabuma	[sa:buma]
to ask (~ oneself)	küsima	[kʉsima]
to be absent	puuduma	[pu:duma]
to be afraid	kartma	[kartma]
to be born	sündima	[sʉndima]

to be in a hurry	ruttama	[ruttama]
to beat (to hit)	lööma	[lø:ma]
to begin (vt)	alustama	[alusˈtama]
to believe (in God)	jumalat uskuma	[jumalat uskuma]
to belong to …	kuuluma	[ku:luma]

to break (split into pieces)	**murdma**	[murdma]
to build (vt)	**ehitama**	[ehitama]
to buy (purchase)	**ostma**	[osˈtma]
can (v aux)	**võima**	[ʋɜima]
can (v aux)	**võima**	[ʋɜima]
to cancel (call off)	**ära jätma**	[æra jætma]
to catch (vt)	**püüdma**	[puːdma]
to change (vt)	**muutma**	[muːtma]
to check (to examine)	**kontrollima**	[kontrolʲima]
to choose (select)	**valima**	[ʋalima]
to clean up (tidy)	**korda tegema**	[korda tegema]
to close (vt)	**sulgema**	[sulʲgema]
to compare (vt)	**võrdlema**	[ʋɜrtlema]
to complain (vi, vt)	**kaebama**	[kaebama]
to confirm (vt)	**kinnitama**	[kinnitama]
to congratulate (vt)	**õnnitlema**	[ɜnnitlema]
to cook (dinner)	**süüa tegema**	[suːa tegema]
to copy (vt)	**kopeerima**	[kopeːrima]
to cost (vt)	**maksma**	[maksma]
to count (add up)	**lugema**	[lugema]
to count on …	**lootma …**	[loːtma …]
to create (vt)	**looma**	[loːma]
to cry (weep)	**nutma**	[nutma]
to dance (vi, vt)	**tantsima**	[tantsima]
to deceive (vi, vt)	**petma**	[petma]
to decide (~ to do sth)	**otsustama**	[otsusˈtama]
to delete (vt)	**eemaldama**	[eːmalʲdama]
to demand (request firmly)	**nõudma**	[nɜudma]
to deny (vt)	**eitama**	[ejtama]
to depend on …	**sõltuma …**	[sɜlʲtuma …]
to despise (vt)	**põlgama**	[pɜlʲgama]
to die (vi)	**surema**	[surema]
to dig (vt)	**kaevama**	[kaeʋama]
to disappear (vi)	**kadunuks jääma**	[kadunuks jæːma]
to discuss (vt)	**arutama**	[arutama]
to disturb (vt)	**segama**	[segama]

29. Verbs. Part 2

to dive (vi)	**sukelduma**	[sukelʲduma]
to divorce (vi)	**lahutama**	[lahutama]
to do (vt)	**tegema**	[tegema]
to doubt (have doubts)	**kahtlema**	[kahtlema]
to drink (vi, vt)	**jooma**	[joːma]

to drop (let fall)	**pillama**	[pilʲæma]
to dry (clothes, hair)	**kuivatama**	[kuiʋatama]
to eat (vi, vt)	**sööma**	[sø:ma]
to end (~ a relationship)	**katkestama**	[katkesʲtama]
to excuse (forgive)	**vabandama**	[ʋabandama]
to exist (vi)	**olemas olema**	[olemas olema]
to expect (foresee)	**ette nägema**	[ette nægema]
to explain (vt)	**seletama**	[seletama]
to fall (vi)	**kukkuma**	[kukkuma]
to fight (street fight, etc.)	**kaklema**	[kaklema]
to find (vt)	**leidma**	[lejdma]
to finish (vt)	**lõpetama**	[lɜpetama]
to fly (vi)	**lendama**	[lendama]
to forbid (vt)	**keelama**	[ke:lama]
to forget (vi, vt)	**unustama**	[unusʲtama]
to forgive (vt)	**andeks andma**	[andeks andma]
to get tired	**väsima**	[ʋæsima]
to give (vt)	**andma**	[andma]
to go (on foot)	**minema**	[minema]
to hate (vt)	**vihkama**	[ʋihkama]
to have (vt)	**omama**	[omama]
to have breakfast	**hommikust sööma**	[hommikusʲt sø:ma]
to have dinner	**õhtust sööma**	[ɜhtusʲt sø:ma]
to have lunch	**lõunat sööma**	[lɜunat sø:ma]
to hear (vt)	**kuulma**	[ku:lʲma]
to help (vt)	**aitama**	[aitama]
to hide (vt)	**peitma**	[pejtma]
to hope (vi, vt)	**lootma**	[lo:tma]
to hunt (vi, vt)	**jahil käima**	[jahilʲ kæjma]
to hurry (vi)	**kiirustama**	[ki:rusʲtama]
to insist (vi, vt)	**nõudma**	[nɜudma]
to insult (vt)	**solvama**	[solʲʋama]
to invite (vt)	**kutsuma**	[kutsuma]
to joke (vi)	**nalja tegema**	[nalja tegema]
to keep (vt)	**säilitama**	[sæjlitama]
to kill (vt)	**tapma**	[tapma]
to know (sb)	**tundma**	[tundma]
to know (sth)	**teadma**	[teadma]
to like (I like …)	**meeldima**	[me:lʲdima]
to look at …	**… vaatama**	[… ʋa:tama]
to lose (umbrella, etc.)	**kaotama**	[kaotama]
to love (sb)	**armastama**	[armasʲtama]
to make a mistake	**eksima**	[eksima]
to meet (vi, vt)	**kohtuma**	[kohtuma]
to miss (school, etc.)	**puuduma**	[pu:duma]

30. Verbs. Part 3

to obey (vi, vt)	**alluma**	[alʲuma]
to open (vt)	**lahti tegema**	[lahti tegema]
to participate (vi)	**osa võtma**	[osa ʋɜtma]
to pay (vi, vt)	**maksma**	[maksma]
to permit (vt)	**lubama**	[lubama]
to play (children)	**mängima**	[mæŋima]
to pray (vi, vt)	**palvetama**	[palʲʋetama]
to promise (vt)	**lubama**	[lubama]
to propose (vt)	**pakkuma**	[pakkuma]
to prove (vt)	**tõestama**	[tɜesʲtama]
to read (vi, vt)	**lugema**	[lugema]
to receive (vt)	**kätte saama**	[kætte saːma]
to rent (sth from sb)	**üürima**	[ʉːrima]
to repeat (say again)	**kordama**	[kordama]
to reserve, to book	**reserveerima**	[reserʋeːrima]
to run (vi)	**jooksma**	[joːksma]
to save (rescue)	**päästma**	[pæːsʲtma]
to say (~ thank you)	**ütlema**	[ʉtlema]
to see (vt)	**nägema**	[nægema]
to sell (vt)	**müüma**	[mʉːma]
to send (vt)	**saatma**	[saːtma]
to shoot (vi)	**tulistama**	[tulisʲtama]
to shout (vi)	**karjuma**	[karjuma]
to show (vt)	**näitama**	[næjtama]
to sign (document)	**allkirjastama**	[alʲkirjasʲtama]
to sing (vi)	**laulma**	[laulʲma]
to sit down (vi)	**istuma**	[isʲtuma]
to smile (vi)	**naeratama**	[naeratama]
to speak (vi, vt)	**rääkima**	[ræːkima]
to steal (money, etc.)	**varastama**	[ʋarasʲtama]
to stop (please ~ calling me)	**katkestama**	[katkesʲtama]
to study (vt)	**uurima**	[uːrima]
to swim (vi)	**ujuma**	[ujuma]
to take (vt)	**võtma**	[ʋɜtma]
to talk to …	**rääkima, vestlema …**	[ræːkima], [ʋesʲtlema …]
to tell (story, joke)	**jutustama**	[jutusʲtama]
to thank (vt)	**tänama**	[tænama]
to think (vi, vt)	**mõtlema**	[mɜtlema]
to translate (vt)	**tõlkima**	[tɜlʲkima]
to trust (vt)	**usaldama**	[usalʲdama]
to try (attempt)	**püüdma**	[pʉːdma]

| to turn (e.g., ~ left) | pöörama | [pøːrama] |
| to turn off | välja lülitama | [uælja lülitama] |

to turn on	sisse lülitama	[sisse lülitama]
to understand (vt)	aru saama	[aru saːma]
to wait (vt)	ootama	[oːtama]
to want (wish, desire)	tahtma	[tahtma]
to work (vi)	töötama	[tøːtama]
to write (vt)	kirjutama	[kirjutama]

Printed in Great Britain
by Amazon